내가 살린 환자,
나를 깨운 환자

내가 살린 환자, 나를 깨운 환자

강병철 외 53명 지음 / 한국일보사 편저

황소자리

세상 모든 의료진에게는 저마다 가슴에 묻어둔 이야기가 있다

작년 1월, 한 권의 책을 선물 받았다. 《사람을 살린다는 것》이란 번역서였다. 새 책이 나올 때면 종종 건네주던 황소자리 출판사 지평님 대표가 이번에도 잊지 않고 따끈따끈한 신간을 보내온 것이다. "이런 거 신문사에서 기획해도 좋을 것 같다"는 말과 함께.

기획이란 말에 난 본능적으로 눈이 번쩍 뜨였다. 기자는 원래 기획에 늘 목마른 직업이다. 곧바로 책을 읽어 내려갔다.

《사람을 살린다는 것》은 의사, 간호사, 요양보호사 등 의료 종사자들의 이야기를 모은 책이다. 2017년 네덜란드 일간지 〈폴크스그란트〉의 과학담당 엘렌 드 비세르 기자가 한 의사와 장시간 나눴던 대화에서 착안해, 신문에 '나를 바꾸고 키워준 단 한 명의 환자'라는 코너를 만든 게 시작이었다. 애초 6회 정도로 기획했지만 의사와 독자들의 호응이 쏟아지면서 무려 2년간 연재가 이어졌고, 책으로 출간해 여러 나라에 번역까지 된 것이다.

의사는 항상 우리 주변에 있다. 의사와 환자의 얘기는 곧 나의 이야기이고 내 가족, 내 이웃의 이야기다. 책에 담긴 에피소드들은 그래서 재미있고 더 공감이 갔다.

책을 읽으며 생각했다. 이 기획, 무조건 해야겠다! (이렇게 상세히 언급하는 건 기획 아이디어가 애초 나 또는 우리 팀의 머리에서 나온 게 아니라, 《사람을 살린다는 것》이란 책에서 구했음을 밝히기 위함이다. 내용이 다르니 표절은 아닐지라도, 다른 책에서 모티프를 얻은 이상 그 경위를 밝히는 게 타당하다고 생각해서다).

우리 팀은 곧바로 준비에 들어갔다. 의사들로부터 가장 기억에 남는 환자에 대한 사연을 기고받아 연재하기로 했다. 사실 의사라면 누구나 환자에 대한 잊지 못할 기억 하나쯤은 있을 터. 죽어가는 사람을 살려낸 기적 같은 스토리일 수도 있고, 끝내 생명을 구하지 못한 가슴 아픈 경험일 수도 있다. 사람을 살리고 못 살리는 차원의 문제가 아니더라도, 저마다의 사연을 가진 환자와 보호자들을 수도 없이 만났을 테니 의사들이 들려줄 이야기가 얼마나 많겠는가. 가능하다면 의사 외에 간호사, 119구급대원, 요양보호사, 심리상담사 등 다른 의료 관련 종사자의 글도 받기로 했다.

우리는 특히 의사와 환자의 '관계'에 초점을 맞췄다. 의사야 당연히 환자의 생명과 건강에 결정적 영향을 미치지만, 역으로 본인 또한 환자로부터 적잖은 감정적·심리적, 나아가 실존적 영향을 받는다는 사실에 주목했고, 그런 이야기를 독자들에게 전달하고자 했다. 의사가 환자의 생명을 구하듯, 환자 또한 의사의 삶을 바꿔 놓을 수 있다는 점에서, 연재의 제목을 '내가 살린 환자, 나를 깨운 환자'로 정했다.

이렇게 시작된 '내가 살린 환자, 나를 깨운 환자' 기획은 2021년 3월 3일부터 2022년 5월 11일까지 63주 동안 한 번도 거르지 않고 매주 수요일 〈한국일보〉에 실렸다. 50명의 의사를 비롯해 2명의 한의사, 각각 5명의 간호사와 소방대원, 그리고 1명의 상담사가 필자로 참여했다.

매회 감동적 사연들로 금방 입소문이 나고, 여러 차례 포털 메인기사로 걸리면서 초반부터 인기 연재물로 자리잡았다. 의료 종사자들의 자발적 투고가 이어지고, 해외에서까지 원고를 보내왔다. 내심 6개월 정도면 성공이라고 생각하며 시작한 연재는, 내용상 부득이 싣지 못한 원고들이 꽤 있음에도 1년 넘게 이어졌다.

아무래도 아픈 사람들에 대한 이야기이다 보니 해피엔딩보다는 슬픈 사연이 많았다. 원고를 읽다가 눈물을 흘린 적도 여러 번이었다. 새삼 알게 된 건 늘 냉정을 잃지 않는 의사들이지만 의외로 많이 상처받고, 남은 치료해도 정작 자신의 마음속 상처는 쉽게 치유하지 못한 채 살아가고 있다는 사실이었다. 그래서인지 매회 의료진에 대한 감사와 공감, 연민을 담은 댓글이 넘쳐났다. 늘 악플로 도배되는 언론사 기사에서 이렇게 많은 선플은 처음 볼 정도였다.

연재됐던 글들을 다시 모아 이렇게 책으로 내게 됐다. 사정상 책에는 다 싣지 못하고 54편만 담았다. 기획 아이디어를 주고 이렇게 출간까지 맡아주신, 〈한국일보〉 칼럼니스트이기도 한 황소자리 지평님 대표님이야말로 가장 감사한 분이다. 연재 초반 직접 사연을 써주고, 주변의 글 잘 쓰는 의사들까지 소개해준 남궁인 응급의학과 전문의한테도 큰 신세를 졌다. 연재 실무를 맡아 필자들과 소통하며 적잖은 감정노동까지 했던 〈한국일보〉 송은미 기자의 노고가 특히 컸다.

연재가 진행됐던 기간은 코로나−19가 가장 극심했던 시기였다. 삶이 위협받는 세상에서, 생명을 구하는 거룩한 일에 기꺼이 자신을 희생한 모든 의료 종사자들에게 깊은 감사를 드린다.

2022년 초가을,

이성철(한국일보 콘텐츠본부장)

PART 1

PART 2

PART 3

PART 4

PART 5

PART 6

PART 7

PART 1

"왜 죽을 거라고 생각하세요?"
"그럼 이 몸으로 살아서 퇴원할 수 있겠어요?"
하지만 그 눈빛은 삶에 대한 간절한 소망으로 흔들리고 있었다.
"저희를 믿어보세요. 약속할게요."

흐느끼는
다운증후군 아기 산모 앞에서
난 한마디도 하지 못했다

강병철 소아청소년과 전문의·도서출판 '꿈꿀자유' 대표

소아과 전문의를 막 따고 공중보건의로 지방 병원에 근무할 때였다. 다운증후군인 아기가 태어났다. 다운증후군은 대부분 얼굴만 봐도 알 수 있지만, 부모에게 알릴 때는 신중을 기해야 한다. 염색체 검사 결과까지 확인하고 엄마에게 상황을 설명했다. 지능이 낮아 학습장애를 겪을 수 있고, 심장질환이 흔히 동반되고, 감염증에 잘 걸릴 수 있고…. 친절하고 공감하는 태도를 지키려고 노력하며 교과서에 나오는 얘기를 거의 빠짐없이 알려주었다. 우수한(?) 성적으로 전문의 시험을 통과한 지 얼마 안 되는 때였다. 실력으로는 어딜 가든 빠지지 않는다고 기고만장해 있었다.

　설명을 들은 엄마는 말없이 한참 흐느꼈다. 이런, 너무 자세히

알려준 걸까? 어떻게 위로해야 하나 마음속으로 말을 고르는데, 엄마가 고개를 들었다. "선생님, 이런 아이들은 어떻게 키워야 하나요? 조금이라도 지능을 키워주려면, 조금이라도 다른 아이와 비슷하게 키우려면 어떻게 놀아주고, 어떤 책을 읽어줘야 하나요?"

가슴이 콱 막혔다. 그런 쪽으로는 아는 것이 하나도 없었다. 그런 얘기는 교과서에 나오지 않는다. 지식과 경험의 일천함 이전에 환자를 질병이 아니라 인간으로 볼 준비가 안 돼 있었다는 뼈저린 자각과 반성이 밀려왔다. 다운증후군 아이들을 어떻게 키워야 하는지에 관한 책을 찾았다. 국내에는 없었다. 인터넷이 미비한 시절이라 서양 책은 검색하기도 어려웠다. 그런 책이 있으면 의사에게도, 환자들에게도 참 좋겠다는 생각이 들었다.

공중보건의를 마치고 그 도시에 개원했다. 돈은 많이 벌었지만 개원의 생활은 단조롭고 지루했다. 기러기 아빠 시절 여가선용 차원에서 책을 번역하기 시작했다. 번역서가 점점 쌓여가자 출판사 사람들이 책으로 낼 만한 주제가 없는지, 좋은 원서는 없는지 묻곤 했다. 말없이 흐느끼던 엄마의 모습, 장애 어린이를 키우는 실질적 방법에 대해 한마디도 할 수 없었던 순간의 미안함과 부끄러움이 떠올랐다. 소아과 의사로서 번역가가 되었으니 내 손으로 그런 책을 내보면 어떨까? 꼭 필요한 사람들에게 얼마나 소중한 정보가 될까? 다운증후군에 관한 책을 내자고 제안했다. 그러나 아무도 관심을 보이지 않았다.

삶이란 알 수 없는 것이다. 내 아이에게 장애가 생겼고, 그 문제를 해결해보려고 안간힘을 쓰다가 엉겁결에 출판사를 시작했다. 낯선 일인 데다 캐나다로 삶의 터전을 옮긴 처지라 힘들었지만, 한 권씩 책이 나올 때마다 보람과 재미가 더해졌다. 어느 정도 일이 손에 익을 무렵, 드디어 다운증후군 책을 기획하기 시작했다. 서양에는 장애 어린이를 키우는 법에 관한 책이 넘칠 정도로 많았다. 여러 권을 검토한 끝에 최종적으로 두 권 정도가 물망에 올랐다. 마침 한국에 들어간 김에 대학병원에서 발달장애를 보는 후배를 만나 말을 꺼냈다. "선배님, 그런 책을 내면 망합니다. 이제 우리나라에서는 다운증후군 아이가 거의 태어나지 않습니다. 산전검사에서 발견되면 바로 낙태를 시키거든요." 둔중한 뭔가로 뒤통수를 얻어맞은 것 같았다. 내 표정을 읽었던지 후배가 몹시 미안해하며 덧붙였다. "강남에서는 선천성 심기형 아이도 태어나지 않는다고 들었습니다."

시간은 늦었고 밖에는 차가운 겨울비가 내렸다. 집까지 태워주겠다는 후배의 호의를 물리고 잠깐 걷기로 했다. 비에 젖은 아스팔트가 비정하게만 보였다. 캐나다의 다운증후군 친구들이 떠올랐다. 항상 도서관 카펫 위에 주저앉아 책이나 음반을 고르는 친구들, 지역사회에서 마련해준 커피 스탠드에서 사회복지사와 함께 커피와 머핀을 파는 친구들, 자원봉사자와 함께 어린이 풀에서 수영을 즐기는 친구들, 늘 다정하게 손을 잡고 다녀 질투가 날 정도인 다운증후군 연인들, 그들과 대화를 나누며 너털웃음을 터뜨리는 이웃들…. 지금도 한국에서 발달장애나 정신질환자에 관한 비참한 뉴스를 볼 때면, 자기 동네에 그들을 위한 시설은 절대 용납할 수 없다는 악다구니가 들려올 때면, 그날 밤 이리저리 뛰어다니며 합승을 외치던 사람들이 떠오른다. 도대체 우리는 어디를 가려고 그렇게 뛰는 것일까?

의사인 나에게는
그 절실한 눈동자에 대답할 의무가 있었다

몇 년 전, 자폐에 관한 책을 번역한 후 몇 곳에서 강연을 했다. 말을 마치고 질문을 받는데 한 엄마가 주춤거리며 일어섰다. "제 아이가 다운증후군입니다. 관련된 책을 내주실 수는 없을지요?"

뭐라 형언할 수 없는 기분이 들었다. 아직도 이런 분이 있었구나! 산전검사에서 다운증후군이 발견되면 낳지 않는 것은 비정한 일이지만, 백번 이해할 수 있는 현실이기도 하다. 아예 몰랐다면 모를까, 우리처럼 경쟁적인 환경에서 지적장애가 확실한 아이를 낳아 기르기는 겁이 날 것이다. 그러나 아예 산전검사를 하지 않거나, 알고도 낳는 분들이 있다. 너무나 존경스럽다. 그 힘든 여정에 충실한 지침서라도 하나 있으면 얼마나 좋으랴.

이제는 10여 년 전 다운증후군 부모지침서를 제안했을 때 거절했던 출판사들을 이해한다. 지금도 대다수 출판사가 생존이 어려운 형편이다. 승산이 전혀 없는 책을 낼 여력이 없다. 공공의 지원이 있어야 가능한 일이다. 출판사를 시작한 후 백방으로 알아보고, 민원도 내보았다. 대부분 화려한 건물을 짓거나 심지어 홈페이지를 예쁘게 꾸미는 데는 돈을 아낌없이 쓰면서 책을 내고 사회적 지식을 축적하는 데는 관심이 없었다.

하지만 나에게는 그날 질문한 엄마에게 들려줄 말이 있었다. 그 문제를 오래 생각했기 때문이다. 바로 '지식 직거래'다. 다운증후군 육아지침서를 내는 데 1,000만 원이 든다면 10만 원을 낼 수 있는 사람을 100명 모으는 것이다. 출판사는 손익분기점에 도달한 상태에서 책을 낼 수 있으니 망할 걱정이 없다. 독자로서는 외식 한 번 할 돈으로 어디서도 얻을 수 없는 소중한 정보를 접할 수 있다. 정부에서는 관심이 없고 매번 독지가가 나서기도 어렵다. 그러니 당사자가 스스로 도와야 한다. 나는 길을 찾을 것이다. 그래야 의학의 길이 지식 추구와 치료에만 있는 것이 아님을 알려준 그 아이와 엄마에게 빚을 갚을 수 있을 테니까.※

※ 한 가지만 덧붙이자면 3월 21일은 '다운증후군의 날'이다. 선천적으로 21번 염색체가 3개일 때 생기는 질환이란 뜻에서 UN이 3월 21일로 정했다고 한다. 다운증후군 가정이나 관련 의료진이 아니면 모르는 게 당연하지만, 그래도 사회가 이런 날을 기억해준다면 장애 가정에겐 큰 힘이 된다.

"곧 가실 텐데 왜 살리세요?"
그 가족 건너편에는
아버지의 죽음을 믿지 못하는 아들이…,

곽문환 응급의학과 전문의 · 서울의료원 응급의학과 과장

하루 걸러 하룻밤을 새우던 전공의 시절 어느 날이었다. 밀려드는 응급환자에 숨 쉴 틈조차 없다가 잠시 한숨을 돌리니 새벽 1시였다. 앉은 자리에서 잠깐 눈이라도 감고 있어야겠다 싶었는데, 새 환자가 막 도착했다. 혈압 50에 30, 맥박은 분당 150회. 희미하게 남은 의식은 통증에만 겨우 반응하고 있었다. 이 정도 활력 징후면 병상 배정을 기다릴 새도 없다. 신체 진찰과 치료를 동시에 시작했다. 패혈증 쇼크로 판단돼 우선 항생제를 주고, 수액을 대량으로 투여하며 중심정맥관 삽입을 준비했다.

의료진 여럿이 붙어 다급하게 움직이던 그때였다. 환자와 함께 구급차를 타고 온 아들이 노발대발 화를 내기 시작했다. '돌아가

실 분한테 뭐 하는 짓이냐'는 것이었다. 아들은 아버지 침대 옆에 붙어 두 팔을 가로저으며 의료진이 다가오지 못하도록 막아섰다.

모든 환자는 살기 위해 응급실에 온다. 그리고 의사들은 그들을 살리기 위해 밤을 지새며 응급실을 지킨다. 죽어가는 사람을 눈앞에 두고 아무것도 하지 않을 수는 없었다. 당시 나는 혈기왕성한 응급실 전공의였다. 환자 곁에 다가오지도 못하게 하는 보호자 태도를 도저히 받아들일 수 없었다. 더 이상 지켜볼 수 없었던 나는 환자 아들과 싸우기 시작했다.

말이 통하지 않았다. 난 급한 마음에 대기실로 뛰어가 다른 가족들을 찾아냈다. 환자의 딸에게 다급하게 상황을 설명했더니, 그는 침착한 목소리로 자초지종을 설명했다.

상황은 이랬다. 그 환자는 부산의 한 요양원에서 오랫동안 누워 지냈다. 그런데 최근 폐렴이 겹쳐 무척이나 고생을 하고 있었다. 요양원 측은 이제 돌아가실 때가 됐다고 보호자에게 설명했고, 모든 가족이 모여 장례를 치르기 위해 다 같이 서울로 왔다는 것이다. 그렇게 저마다 마음의 준비를 하며 내가 속해있던 병원 장례식장에 도착했는데, 환자는 여전히 살아있었다. 난처해진 장례식장 직원은 이들에게 응급실로 가라고 해서, 여기까지 오게 됐다는 얘기였다. 그렇게 죽음으로 가기 위해 '어쩔 수 없이' 들른 응급실인데, 내가 '살려내겠다'며 보호자들과 싸웠던 거다. 수액 치료도 거부한 가족들은 결국 심폐소생술 거부동의서까지 서명하고 응급실 한쪽을 차지하며 임종을 기다리게 되었다.

잘 살려내라,
그리고 잘 보내드려라

마음을 가라앉히기도 전, 또 한 명의 환자가 들어왔다. 절차에 따라 모니터를 통해 주 호소 증상부터 확인했는데, 생전 처음 보는 내용이었다. "아버지가 돌아가셨는데 움직였어요."

급히 소생실로 가니, 정말 검은 옷차림의 장례식장 직원과 망자의 자녀가 와 있었다. 망자는 침대에 누워 있었지만, 겉으로만 살펴도 이미 돌아가신 지 한참 된 분이었다. 돌아가신 아버지 곁에 바짝 붙어선 아들은 부릅뜬 눈으로 나를 쳐다보았다. 그는 '분명 움직이시는 걸 두 눈으로 똑똑히 봤다'면서 '아버지가 살아계신 것 아니냐'고 거듭 물었다. 내 움직임 하나하나를 감시하듯 지켜보는 그 아들 앞에서, 혹시나 하는 마음으로 심전도 모니터를 붙여봤지만 평행선만 이어졌다.

이번에도 보호자들 중 딸이 나서서 사정을 들려줬다. 아버지가 돌아가시자 아들이 속상한 마음에 과음을 했는데, 입관 도중 아버지가 움직인 것을 봤다며, 분명 아버지가 살아계시다고 고집을 부려 이렇게 응급실로 시신을 모시고 오기에 이르렀다는 거다. 장례식장 직원도, 다른 가족들도 꺾이지 않는 아들의 고집에 난처해만 하고 있었다. 나는 다시 한번 그 아들에게 아무 반응이 없는 모니터를 보여주며 이미 돌아가셨다고 반복해서 설명했다. 벌건 얼굴로 "그렇다면 왜 우리 아버지가 움직인 거요?" 하고 따져 묻는 그에게, 뭐라고 답해야 할지 막막했다.

그날 응급실에서 벌어진 두 장면을 아직도 난 잊을 수가 없다. 응급실 소생실에는 '살아있다'며 장례식장에서 온 망자가 머물고 있었고, 바로 옆 중환자실에는 장례식장으로 가기만을 기다리는 환자가 누워 있었다. 그리고 그 곁에는 이미 사망한 현실과 아직 살아있는 현실을 부정하는 두 가족이 기다리고 있었다.

응급실 의사의 역할은 사람을 잘 살려내는 것이라고 믿었다. 그래서 죽음 문턱에 선 사람들을 살려내는 기술을 머리가 아닌 몸으로 익혔다. 사람을 살린다는 것만이 고된 밤샘 근무를 버텨내게 해주는 동력이기도 했다. 하지만 상상도 할 수 없었던 상황들을 겪으면서, 잘 살려내는 것만큼이나 잘 보내드리는 것 또한 의사의 역할임을 점차 받아들이게 됐다. 소생술을 거부하는 가족, 사망 사실을 부정하는 가족들에게 더는 화를 내지 않게 됐다. 저마다 살아온 사정이 있을 텐데 의사의 생각만이 옳다고 고집할 수는 없었다. 같은 진단명이라 해도 환자와 보호자들이 살아온 인생, 그들의 뜻에 따라 치료는 달라져야 했다. 몇 번이고 환자 본인의 뜻을 묻고 가족들의 이야기를 반복해 확인했다.

잘 살려내는 것, 그리고 잘 보내드리는 것. 모두 중요하다는 걸 깨달으면서 그렇게, 난 응급의학과 의사가 됐다.

삶의 믿음 준
신참 의사에게 노인이 보내온 갓 캔
'감자 한 박스'

안정신 외과 전문의 · 이화여자대학교 의과대학 목동병원 교수

오래전 외과 전공의 시절, 새벽 당직을 서고 있을 때였다. 전화로 중환자실 간호사의 다급한 목소리가 들렸다. 대장암 수술을 한 80대 할아버지 환자가 집에 가겠다면서, 수액 라인과 비위관을 다 뽑고 밖으로 나가려 한다는 것이었다. 내가 주치의를 맡고 있던 환자였다. 중환자실 간호사들이 모두 달려들어 말렸지만 어찌나 힘이 센지, 도저히 안 되겠으니 나더러 빨리 와보라고 했다.

연세가 많은 환자가 수술 후 중환자실에 오래 입원 중이라면? 시간과 장소를 헷갈려서 그런 것이라면? 아마도 섬망 증상(급격한 환경변화로 인해 일시적으로 갑작스럽게 나타나는 정신상태의 혼란)일 확률이 높다. 나는 그렇게 생각하고 처방할 약을 머릿속에 그리며

중환자실로 내려갔다.

그러나 할아버지를 보는 순간 내 예감이 빗나갔음을 알 수 있었다. 도저히 섬망이 있는 분의 눈빛이 아니었다. 차라리 분노에 찬 얼굴이었다. 나는 할아버지를 겨우 침대에 앉힌 뒤 대체 무엇 때문에 주사 라인을 다 빼고 집에 가겠다고 하시는지 여쭸다.

"의사 양반, 들어보시오. 내가 80이 넘어서 이러고 있는데 살면 얼마나 살것소."

할아버지는 이렇게 말하고는 침묵했다. 나는 할아버지를 다독이며 천천히 이야기를 들을 수 있었다.

할아버지는 강원도에서 태어나 여태껏 그곳에서 살아왔다. 고랭지 채소인 배추와 감자를 평생 키우며, 그걸로 생계를 꾸리고 자식들도 키웠다. 농사 열심히 짓고, 힘도 세고, 지금까지 아픈데 없이 병원에 간 적도 없었다. 그런데 덜커덕 대장암이 생겨 수술을 하게 됐다.

평생 논밭에서 농사짓던 분이 한 달째 중환자실에 있는 건 너무도 고역이었다. 게다가 지금까지 회복이 안 되는 걸로 봤을 때 더 이상 가망이 없다고 스스로 결론을 내렸다. 그렇다면 어차피 죽을 바에야 고향에 가서 죽겠다. 내가 안 돌보면 아무도 키울 사람이 없는 감자도 너무 걱정된다. 그거 심어놓고 캐지도 못하고 왔다. 할아버지의 이야기는 이렇게 이어졌다.

"할아버지, 왜 여기서 죽는다고 생각하세요?"

"의사 양반, 그럼 내가 살아서 고향에 갈 수 있것소?"

난 여기서 잠깐 고민했다. 암 수술 후 장이 회복되지 않고 컨디션이 좋지 않아 한 달째 중환자실에 있는 분이지 않은가. 이런 분한테 신참 전공의가 경과가 좋다고 말씀드리기에는 마음에 걸리는 부분이 있었다. 하지만 질문하는 할아버지의 눈빛이 간절함으로 흔들리는 걸 확인하는 순간 나는 생각했다. 그래, 지금 이 할아버지께 필요한 것은 회복할 수 있다는 믿음이구나!

"할아버지, 걱정 마세요. 살아서 갈 수 있어요. 꼭 건강하게 퇴원할 수 있을 거예요."

"의사 양반. 내가 암 환자인데, 보장할 수 있소?"

"보장할게요. 저희를 믿어보세요. 집에 가시기 전에 낫고 가야죠. 그냥 가시면 힘들어서 다시 병원 오실 거예요."

난 할아버지의 경과가 좋아지기를 마음속으로 간절히 빌면서, 다시 비위관을 삽입했다. 동맥에 카테터를 삽입하고 생체징후 모니터링도 재개했다.

다행히 오랜 대화 후, 할아버지는 마음을 바꿨다. 치료하기로 마음을 먹은 후에는 필요한 시술과 재수술 등 젊은 사람도 견디기 힘든 과정들을 잘 이겨냈다. 수술 이후의 경과가 좋아져서 일반 병동에 갈 수 있었고 컨디션도 점차 회복되었다. 서울에 사는 자녀들은 번갈아 간병을 했다. 우여곡절이 있었지만 다행히 할아버지는 호전되어 퇴원을 했다.

"이걸 캐러 고향에 다녀왔어요."
흙 묻은 감자를 들고, 아들 내외는 웃고 있었다

어느 날이었다. 의국 문을 두드리는 소리에 열어보니 그 할아버지의 큰아들 내외가 박스를 들고 서 계셨다.

"아버지께서 얼마나 성화를 하시던지, 이걸 캐러 휴가 내고 강원도에 다녀왔어요."

감자였다. 서울에서 회사 다니는 효자 아들은 "아버지가 의리를 지켜야 한다면서, 감자를 캐서 선생님께 꼭 전해드려야 한다고 하시네요."라며 웃었다. 농사를 지어본 적 없는 아들은 감자 캐느라 꽤 고생을 했다고 한다. 막 캔 감자여서 흙이 잔뜩 묻어 있고, 큰 것과 작은 것들이 섞여 있었다. 옆에 있던 며느리는 "시장 가면 좋은 감자들이 많이 있는데 굳이 이걸 꼭 캐오라고 하셔서…, 드리면서도 송구하네요."라고 덧붙였다.

가끔 구내식당에서 감자 메뉴를 접할 때면, 그렇게 아끼던 감자 선물을 안겨준 그 강원도 할아버지가 생각나곤 한다. 의학적 지식도 경험도 부족하고 바쁘기만 하던 시절이었다. 간절한 마음으로 치료받으시길 설득했던 할아버지가 호전되어 퇴원하시던 그 날, 나는 마음이 벅차올랐고 의사인 것이 마냥 감사했다.

코로나 격리병동 노인의 쓸쓸한 죽음, 사망 후 통보된 '음성' 판정

오연택 정신건강의학과 전공의 · 국립공주병원 정신건강의학과 전공의

봄은 시작의 계절이다. 겨우내 잠자던 초목은 다시 초록빛 숨을 내쉬며 한 해를 준비한다. 사람들도 저마다의 꿈을 안고 다시 힘차게 걸음을 내디딘다.

갓 면허를 딴 애송이 의사의 1년도 그런 날에 시작됐다. 하지만 기대는 처음부터 산산이 무너졌다. 의사로서의 내 첫 봄은 지독한 코로나-19, 그놈과 함께였다.

코로나 앞에선 전부 무용지물이었다. 발열 얘기가 나오는 순간, 모두 백기를 들었다. 이것도 안 돼! 저것도 안 돼! 아무것도 안 돼! 이 때문에 환자는 입원할 때 무조건 코로나 검사부터 받아야 했다. 그런 다음 격리병실로 한 명씩 이동했다가, 음성 판정이

나오면 일반 병동으로 옮기는 과정을 반복했다. 코로나가 휘몰아친 뒤론 죽음도 평범할 수 없었다. 봄바람이 불던 어느 날, 한 분이 떠나가셨다. 내가 경험한 격리병동에서의 첫 죽음이었다.

80대 노인이 응급실에 도착한 건 저녁 무렵이었다. 기저질환자였다. 엑스레이를 찍었더니 폐렴 증상이 발견됐다. 호흡은 불안했고 산소포화도도 떨어져 있었다. 1차 코로나 검사를 한 뒤 곧바로 중환자실 격리병동으로 옮겨 인공호흡기를 부착했다.

코로나 검사는 두 차례 실시된다. 두 번 다 음성이어야 최종 음성 판정을 받는다. 응급실 도착 직후 진행한 노인의 첫 번째 검사 결과는 음성이었다. 격리병동 중환자실에서 다시 한번 검사를 했다. 그리고 몇 시간 뒤 노인은 숨을 거뒀다. 뒤이어 전달된 최종 판정결과는 음성이었다.

가족들이 병원에 도착했다. 아무리 고령자라 해도 응급실에 온지 반나절 만에 이렇게 이별을 하게 되리라곤 누구도 생각지 못한 것 같았다. 가족들은 오열했다. 내과 선생님은 그들 앞에서 다시한번 사망선고를 했다.

"2020년 ○월 ○일 ○시 ○분 ○○○님, 사망하셨습니다."

가족들은 병원에서 제공한 N95 마스크와 비닐 가운을 쓴 뒤에야 겨우 5분 정도, 고인과 마주할 수 있었다. 그나마 일부 가족만 출입이 허용됐다. 고인은 코로나와 무관함이 최종 판정되었다. 하지만 병동에 있는 다른 환자 중 양성이 있을 수 있고 이 경우 교차감염 위험이 발생하기 때문에 격리병동에선 무조건 보호장구

착용과 시간제한(5~10분)이 적용됐다. 만약 고인이 양성이었다면, 보호장구고 뭐고 아예 들어가질 못했을 것이다.

떠난 사람도 남은 사람도, 우리 모두는 코로나에 조롱당하고 있었다

코로나 격리병동이란 그런 곳이다. 이곳엔 도덕도, 상식도, 규범도 없다. 단 하나, 괴물 같은 코로나를 막기 위한 차디찬 의학 규칙만 존재한다. 환자는 양팔과 가슴에 수액 줄을 주렁주렁 매단 채, 홀로 떠났다. 마지막 순간 누구도 곁에 머물 수 없었다. 영혼 없이 돌아가는 기계장치와 방호복을 입은 의료진만 환자 옆에 있었을 뿐이다. 평생을 함께한 가족들이 있었건만 따뜻한 배웅도, 이별다운 이별도 할 수 없었다. 그런데 정작 이 빌어먹을 코로나는 모든 게 다 끝나고서야 '최종 음성'이란 검사결과만 달랑 띄우고, 줄행랑을 쳤다. 이 잔혹하고도 허탈한 상황에 미칠 것만 같았다. 코로나는 이렇게 우리 모두를 조롱하고 있었다.

"인턴 샘, 저기 사망환자분, 라인(수액 줄) 정리 좀 해주세요."

보호자가 병동을 나가고, 나는 착잡한 심정으로 고인 곁으로 다가갔다. 영혼이 떠난 자리에 생명의 흔적은 없었다. 입술은 더 이상 붉지 않았고, 문득 만져본 손발은 차가웠다. 탁해진 눈은 채 감지 못해 허공을 향하고 있었다. 가족이 보고 싶었던 걸까. 나는 정중히 이불을 걷고, 수액 줄을 뽑은 뒤 지혈했다. 때로는 큰 구 멍에 바느질하며, 한 사람을 살리려 했던 의학의 흔적을 하나씩 없애나갔다.

할 일을 모두 마치고 격리병동 밖으로 나왔다. 육중한 철문 앞 엔 유가족이 모여 서로 위로하며 울고 있었다. 차라리 병원에 오 지 않았으면 집에서 가족들끼리 편안하게 마지막을 지킬 수도 있 었을 텐데. 격리병동의 닫힌 철문은 더 이상의 출입을 막고 있었 고, 나는 도망치듯 피해 그 자리를 나왔다.

코로나-19가 우리 생활을 송두리째 바꿔놓은 지 벌써 3년째다. 수많은 사람들이 코로나로 인해 죽어갔다. 확진 사망자는 이름 대신 'O번 환자'로 기록됐다. 그 노인처럼 격리병동에서 쓸쓸히 숨진 음성 환자도 부지기수다. 코로나는 삶뿐 아니라 죽음까지도 평온을 허용치 않았다.

그날, 시작의 봄날에, 무너진 내 출발을 대신한 것은 코로 나-19로 희롱당한 서늘한 마침의 기억이다. 생명의 종료. 어이없 는 작별. 허탈한 정리. 그 상황 속에서, 나는 끝까지 코로나가 만 든 놀음판을 벗어나지 못했다. 산산이 조각난 내 시작이지만 언젠 가 코로나가 끝난다면, 하나씩 맞춰질 것이다. 그때는 이 뒤엉킨 세상도 원래대로 돌아올 것이다. 그러기를 간절히 소망하며, 나는 오늘도 N95를 쓰고 격리실에 들어간다.

"딸 결혼식만 마치고 수술 받을게요." 나는 왜 그를 말리지 못했을까?

이낙준 이비인후과 전문의 · 대한이비인후과학회 홍보위원

모든 의사가 교과서대로만, 배운 대로만 치료하는 건 아니다. 다들 습관이나 강박 같은 것이 있다. 나도 그렇다. 그건 도저히 잊을 수 없는 한 환자의 경험에서 시작됐다.

그 환자를 만난 건 레지던트 1년차 때였다. 모교 병원에서 인턴을 마치고 '빅5'라고 불리는 대형병원으로 온 지 얼마 안 된 시기였다. 환경을 포함해 워낙 많은 것들이 변해 무척 힘든 시간을 보내고 있었다. 무엇보다 당황스러웠던 것은 내가 생각했던 이비인후과와, 실제 겪게 된 이비인후과 의국 생활의 괴리였다. 중이염이나 축농증 그리고 비염 정도를 보겠거니 했던 나의 예상은 첫날부터 보기 좋게 빗나갔다. 병동 도처에 암 환자들이 있었다.

내가 전공하기로 한 학문의 정식 명칭은 이비인후-두경부외과였다. 얼굴과 목 전체에서 발생하는 암은 다 우리 과에서 봤다. 그래서인지 두경부외과는 병동도 암센터에 있었다. 얼떨떨한 기분으로 따라 들어간 교수님 외래에는 정말로 다양한 환자가 왔다. 가볍게는 갑상샘암부터 설암, 편도암, 비강암까지. 얼굴과 목에 이토록 많은 암이 생기는지도 그때 처음 알았다.

"안녕하십니까."

두경부외과 생활이 몇 달 지났을 무렵, 교수님 외래에 신사 한 분이 들어왔다. 쉰 목소리 말고는 다른 어떤 이상도 보이지 않는, 건장한 체구의 중년 남성이었다.

그의 목에는 암 덩어리가 자라고 있었다. 크기도 작지 않았다. 교수님은 단호하게 얘기했다.

"후두암입니다. 당장 수술하셔야 합니다."

수술하면 살 수는 있을 것 같았다. 하지만 보통 수술이 아니었다. 후두 전절제술. 후두 전체를 잘라내는 수술이다. 수술을 하고 나면 환자는 두 번 다시 성대로 말을 할 수 없게 된다. 코나 입으로 숨 쉴 수도 없어 목에 난 구멍을 통해 호흡해야만 한다.

그 신사는 머뭇거렸다.

"선생님, 딱 두 달만 수술을 미룰 수 없을까요? 딸아이 결혼식이 있습니다."

환자의 말에 교수님은 침음沈吟을 흘렸다. 나는 속으로 생각했다. 다른 것도 아니고 딸 결혼식이 있다고 하지 않나. 상견례도 해야 하고, 하객들 인사도 받고, 신부 입장도 같이 해야 할 텐데. 고작 두 달 아닌가. 그때까지 수술 좀 미룬다고 환자가 어떻게 되지는 않는 거 아닌가.

환자는 마음을 이미 정한 듯했다. 교수님이 수술을 서둘러야 한다고 말했지만 그는 한사코 뿌리쳤다. 무슨 말을 한다 해도 먹힐 거 같지 않았다. 나는 교수님과는 달리 필사적으로 환자를 붙잡지 않았다. 그리고 두 달 후, 그 환자가 병원에 찾아왔다.

하염없이 우는 딸을 보며 다짐했다
다시는 환자를 속절없이 놓치지 않겠다고

"암이 식도까지 번졌습니다."

안타깝게도 암은 지나치다 싶을 정도로 진행해 있었다. 그는 인상조차 변해, 누가 봐도 죽음이 임박한 사람으로 보였다.

죄책감이 몰려왔다. 두 달 전, 왜 그를 말리지 않았을까. 나도 적극적으로 수술을 권했다면 결과는 지금과 달라지지 않았을까. 물론 교수님 말조차 뿌리치고 갔는데 레지던트 1년차가 붙잡는다고 그가 생각을 바꾸지는 않았을 것이다. 그래도 죄책감은 점점 커져만 갔다.

그때부터 나는 주말이고 휴일이고 매일 병원에 나가 입원한 그 환자를 마주했다. 하루에 30분이 됐든, 1시간이 됐든, 어떻게든 그의 얼굴이라도 봐야 생활을 할 수 있었다.

수술 후 상황은 참담했다. 후두 전절제술에 더해 식도까지 잘라낸 그 환자는 입안의 침을 받아내기 위해 입에서 목 쪽으로 뚫린 구멍으로 주머니를 달고 있었다. 말은 당연히 할 수 없어 화이트보드로 겨우 의사소통을 해야만 했다. 의미 있는 소통은 불가능했다. 대개는 아파, 힘들어, 같은 단편적인 단어들뿐이었다.

그러다 어느 날 그가 쓴 문장을 보았다. 나는 평생 그 문장을 잊을 수 없을 것이다.

'이제 그만 죽고 싶어요.'

그는 매일같이 찾아오는 내게 미안하다는 표정을 지으며 힘겹게 쓴 화이트보드를 내밀었다. 그러고는 곧 고개를 떨구었다.

얼마 후 찾아간 그의 장례식장에서 고인과 많이, 참 많이 닮은 여성을 만났다. 딸이었다. 그는 하염없이 눈물만 흘리고 있었다. 본인 결혼식 때문에 수술타이밍을 놓쳤다는 죄책감 때문일까?

그 장례식장에서 나는 굳게 다짐했다. 의사로서 치료의 기회가 있다면 다시는 환자를 절대 놓치지 않겠다고.

"수술하셔야 합니다."

그때부터일 거다. 내가 유독 암 환자들에게, 심지어 내 환자가 아닌 사람들에게도 수술을 적극적으로 권하게 된 것은.

이제 시간이 흘러 나에게도 아이들이 생겼다. 문득문득 그 환자 생각이 난다. 아버지라면 세상에서 가장 사랑하는 딸 결혼식보다 더 소중한 자리가 있을까. 설령 내 생명이 곧 다한다 해도 애지중지 키운 딸의 손을 잡고 웨딩마치에 맞춰 걸어가고 싶은 것, 딸의 손을 사위에게 넘겨주면서 행복해하는 딸의 얼굴을 보고 싶은 것, 그게 바로 아버지의 마음 아닐까. 수술을 마다한 그 환자가 한없이 안타깝다가도, 딸의 결혼식을 앞둔 아버지로서 그의 마음을 생각하면 이해가 가기도 한다.

하지만 나는 의사다. 그 어떤 경우라도 환자에게 치료의 기회를 놓치는 위험을 감수해도 된다고 말해선 안 된다. 적어도 의사에겐 생명보다 소중한 것은 없다.

순서 기다리던 응급환자의
갑작스러운 사망,
다 내 탓처럼 느껴졌다

한언철 외과 전문의 · 동남권원자력의학원 외과 주임과장

의사에게는 환자를 잘 치료한 성공담만 있는 것이 아니다. 쓰라린 기억, 가슴 아픈 기억, 꺼내놓기 부끄러운 기억도 있다. 나 역시 아픈 손가락과도 같은 환자들이 있다.

사례 1. 응급실 인턴 때였다. 여느 때처럼 정신없는 하루가 시작되었다. 환자들은 시간을 가리지 않고 찾아왔다. 응급실 복도는 침대로 빼곡하게 차고, 그나마 침대가 모자라 의자며 보호자 대기석이며 환자들로 장사진을 이루고 있었다.

이럴 때 인턴들에겐 일의 우선순위가 정해진다. 당연히 신체 징후가 불안정한 환자들이 최우선이고, 그 다음으로 처치, 채혈, 수

액 라인 잡는 일 등이 이어진다. 물론 그 사이사이 심폐소생술이 발생하면 무조건 달려가야 한다. 통상적으로 가장 마지막 순위는 간단한 소독과 같은 일이었다. 하지만 아무리 빨리 처리해도 환자가 밀려들면 해야 할 일이 계속 쌓이고, 결국 가장 뒷순위인 소독은 점점 더 뒤로 미뤄지게 된다.

나 역시 정해진 우선순위에 따라 환자들을 보고 있는데 한 보호자가 내게 다가왔다.

"저 선생님, 우리 아이가 히크만 카테터(약물 주입 등을 위해 가슴 쪽 정맥에 삽입한 튜브)를 가지고 있는데 소독이 필요해서요. 좀 먼저 해주시면 안 될까요?"

응급실에서 일하다 보면 이렇게 와서 이야기하는 보호자들을 자주 접한다. 나는 다소 기계적이고 사무적인 어투로 "지금 바로 해드리기는 어려울 거 같고 최대한 빨리 해드리도록 할게요."라고 대답했다. 보호자 옆에는 나보다 어려 보이는 학생이 항암으로 머리카락이 없는 창백한 얼굴로 앉아 있었다. 그 학생은 항암 진행 중 발열이 생기는 등의 증상으로 입원 대기 중이었다.

그렇게 환자를 스치듯 확인하고 다시 정신없이 일 처리를 하고 있는데 갑자기 심폐소생술이 발생했다는 연락이 왔다. 부랴부랴 달려가 환자의 얼굴을 확인했더니, 바로 그 학생이었다. 나에게 소독을 부탁했던 보호자는 옆에서 울부짖고 있었다. 그 간단한 소독도 하나 못 해주는 병원이 무슨 병원이냐고…, 왜 애를 방치해서 죽게 하느냐고…, 어떻게 병원이 이럴 수 있냐고….

심폐소생술이 계속됐지만 환자의 심장은 멈추고 말았다.

나는 너무나도 큰 죄책감에 사로잡혔다. 아무 일도 할 수 없었다. 누군가 나에게 '다 너 때문'이라고 손가락질하는 것 같아 고개를 들 수조차 없었다. 보호자의 한 맺힌 외침이 계속 귀에서 맴돌았다. 그 간단한 소독이라도 해드렸더라면 어땠을까. 그냥 조금 돌아가더라도 먼저 해드리는 건데….

물론 소독을 안 한 것이 사망 원인은 아니었다. 하지만 보호자로서는 암을 앓고 있는 아들이 아파서 응급실까지 찾아왔는데 간단한 처치마저 못 해준 의사와 병원이 얼마나 원망스러웠을까.

그날의 일은 10년 넘게 지난 지금까지도 마음의 짐으로 남아 있다. 나에게는 아주 간단하고 가벼운 소독이었지만, 환자와 보호자에게는 그렇지 않았으리라. 의사에게 일의 우선순위는 있겠지만, 그렇다고 간단하거나 가벼운 일은 결코 없다는 것을 그날 나는 뼈저리게 느꼈다.

사례 2. 휠체어를 탄 환자와 보호자가 반갑게 인사하며 진료실로 들어온다. 70대인 환자는 대장암 수술을 받고 5년이 지났다. 흔히 암 완치의 기준이라고 하는 5년을 재발 없이 무사히 넘겼다. 나는 환자에게 검사 결과가 괜찮으니까 이제 1년에 한 번만 보면 되겠다고 말했다. 그렇게 외래 문을 나서는 환자의 뒷모습을 보니 기뻤지만, 마음 한구석엔 여전히 미안함이 무겁게 자리하고 있었다.

이 환자가 휠체어를 타게 된 건 암 수술 직후 발생한 뇌졸중 때문이었다. 환자들의 수술동의서를 작성할 때, 의사는 항상 수술 후 심정지, 심장마비, 뇌졸중 등이 발생할 수 있다고 말한다. 물론 그 말 속에는 '사실 발생할 일은 거의 없지만'이라는 의미가 담겨 있다.

그런데 수술 후에 덜컥 뇌졸중이 왔다. 나는 주치의로서 낙담하는 환자와 보호자에게 죄스러운 마음을 지울 수 없었다. 이후 회복하는 동안 환자와 보호자, 그리고 나를 포함한 의료진은 심리적·육체적으로 너무 힘든 시간을 보냈다. 다행히 환자는 진료를 잘 버텨줬고 보호자의 헌신적 도움 덕분에 안정을 회복했다. 뇌졸중 후유증으로 한쪽 몸을 사용할 수 없게 된 환자는 재활 병원으로 연계해 퇴원했다. 환자는 이후에도 다양한 증상으로 내원과 퇴원을 반복했고, 그러는 사이 어느덧 5년이라는 시간이 흘렀다.

더는 아픈 손가락으로 남을
환자를 만들지 않기 위해…,

환자 상태가 좋지 않을 때는 시간을 되돌리고 싶다는 헛된 생각마저 들기도 한다. 차라리 그날 내가 수술하지 않았다면 괜찮지 않았을까 생각해본 적도 있다. 웃으며 내 진료실로 들어오는 환자와 보호자도 재발 없이 5년이 흘러 지금은 편안하게 이야기를 나누지만, 당시에는 수술한 나를 많이 원망했을 것이다. 그래서 아직도 죄스러움이 남아 있다.

정도의 차이는 있겠지만 나의 가슴 한편에 응어리처럼 품고 있는 환자들을 하나둘 꺼내놓으면 아마 열 손가락으로도 모자라지 않을까 싶다. 항상 좋은 결과와 쾌유를 바라며 진료하지만 현실은 그렇지 않으니 말이다. 좋은 결과든 나쁜 결과든, 의도했든 의도하지 않았든, 결국은 많은 부분을 주치의인 내가 짊어지고 가야 할 몫이다. 의사가 된 이상, 특히 외과를 선택한 이상, 이건 피할 수 없는 숙명이기도 하다. 그래도 더는 아픈 손가락으로 남을 환자를 만들지 않기 위해, 나는 오늘도 전력을 다한다.

병원비 없어 치료 못 받던
15세 소년,
의사와 간호사들은 기꺼이 피를 뽑았다

정재화 내과 전문의 · 성남요양병원 병원장

1975년 나는 서울 명동 백병원에서 인턴 수련 중이었다. 내과에서 인턴을 했던 그해 8월, 열다섯 살 소년이 식도와 위 출혈로 입원했다.

너무도 가난했던 소년은 초등학교만 마치고 취직을 해야 했다. 또래 친구들이 교복 입고 중학교에 다닐 때 소년은 철공소 직공으로 일했다. 퇴근 후면 어른 직공들과 회식에 참석하곤 했는데, 종종 강제로 주는 술을 마셔야 했다. 어느 날 얼굴이 불그스레해서 집에 돌아온 소년을 본 아버지는 뺨을 때렸고, 소년은 순간 홧김에 부엌에 있던 농약을 마셨다.

농약은 식도와 위의 점막을 녹이는 화학적 화상을 일으켰다.

소년이 피를 토하면서 병원에 입원한 연유다.

입원 열흘이 지나도록 출혈은 멈추지 않았다. 치료비도 밀려 있었다. 내과 과장님은 일반외과에 수술 여부를 자문했는데 '불가'라는 답을 받았다. 그날 저녁 내과 과장님은 '빈사상태 퇴원 moribund discharge'을 결정했다. 보호자도 동의했다. 이 열다섯 살 소년은 집에 가면 얼마 안 가 출혈로 죽게 될 것이다. 그는 열흘 넘게 굶고 있었다.

"엄마, 나 아욱국이 먹고 싶어."

"그래. 집에 가면 엄마가 아욱국 맛있게 끓여 줄게."

모자의 얘기를 듣는데 눈물이 났다. 환자 진료기록은 퇴원 수속 때문에 원무과에 내려가 있었다. 과장님이 퇴근하자마자 나는 원무과에 가서 환자 차트를 다시 병실로 올려 달라고 했다. "퇴원 수속 정리를 다 해놨는데 왜 그러세요?"라는 직원의 물음에 난 "환자 상태에 변화가 생겨서 그래요."라고 둘러댔다.

환자 차트가 다시 병실 간호과로 올라왔다. 그런데 보호자는 그냥 퇴원하겠다고 고집을 부렸다. 나는 소년의 형을 불렀다.

"병원에서 치료를 계속 해주겠다는데 왜 퇴원하려고 하세요?"

"치료비를 못 내면 우리는 도둑이 되지 않습니까. 그래서 집에 가려고 합니다."

"도둑은 붙잡혀도 길어야 징역 3년입니다. 그런데 동생은 이대로 집에 가면 출혈로 죽어요. 퇴원하지 말고 일단 계속 치료를 받으세요."

나의 설득에 소년의 형은 계속 치료를 받기로 마음을 바꿨다.

다음 날 아침 회진시간이 되었다.

내과 과장님이 소년을 보더니 "어? 어떻게 된 거지?" 하고 물었다. 레지던트도, 간호사들도 긴장했다. 내가 얼른 대답했다. "어제 과장님께서 퇴근하신 후 갑자기 출혈이 멎어서 제가 퇴원을 중단시켰습니다. 그런데 아침 회진 직전부터 다시 출혈이 있네요."

식도·위 출혈 환자를 치료할 때 코를 통해 고무줄 관을 식도에서 위까지 집어넣고 투명한 수액 줄을 연결한다. 이때 출혈이 있으면 수액 줄을 따라 새빨간 피가 밖으로 배출된다. 그러니 출혈이 멎으면 금방 알 수 있는데, 사실 소년은 출혈이 한 번도 멈춘 적이 없었다. 인턴이 과장님에게 거짓말을 한 것이었는데, 과장님은 더 이상 묻지 않았다.

기적처럼 출혈이 멈추었다
우리의 지극정성이 소년에게 새 삶을 선물했다

난관은 또 있었다. 환자가 치료비를 내지 않았기 때문에 어떤 약물이나 주사제를 처방해도 약국에서 약을 주지 않았다. 약 구하는 게 문제였다. 수백 명이 입원해 있는 종합병원에서는 아침 회진 때 의사 처방에 따라 주사를 준비해 뒀다가 환자 상태가 갑자기 변해 주사를 못 놓게 되면 폐기하는 경우가 있다. 나는 각 층을 돌아다니며 당일 포장을 뜯은 변질 안 된 폐기 약을 구해 소년을 치료했다. 하루에 스무 번도 넘게 콧줄을 통해 얼음찜질도 했다. 당직 아닌 날에도 병원에 남아 밤낮으로 소년을 돌보았다.

그렇게 또다시 열흘이 흘렀다. 출혈은 멈추지 않았다. 빈혈이 심해져 수혈을 해야 하는데 치료비를 내지 않으니 병원에서 혈액을 사주지 않았다. 할 수 없이 병원 내 혈액실을 찾아가 내 피 한 병을 헌혈하고 환자에게 피 한 병을 수혈받게 했다. 그러자 레지던트도, 병동 간호사들도 헌혈하고 마지막에는 내과 과장님까지 헌혈에 동참했다.

그래도 출혈은 좀처럼 멈추지 않았다. 소년이 마신 농약이 워낙 독해서 식도와 위벽의 점막 손상이 광범위하고 깊었던 것 같다. 출혈이 멈추지 않으니 계속 수혈해야 하는데 어찌 피를 구할지 난감한 상황이었다.

당시 서울에는 주한미군과 미군 가족을 치료하는 '121Hospital'이란 병원이 있었다. 그곳 군의관에게 연락해 사정을 설명하고 혈액 좀 달라고 부탁했다. 보관 일자가 3일 지난 혈액이 있는데 가져가겠냐고 해서 좋다고 했다. 혈액은 채혈 시 보관 일자가 정해지긴 하지만, 관리만 잘하면 며칠 지나도 빈혈 치료용으로 문제가 없다고 판단했다. 혈액 다섯 병을 얻어 와 소년에게 수혈했다.

어느덧 입원 한 달이 다가왔다. 출혈이 멈추지 않으면 더 이상 어쩔 수 없겠구나 하는 두려운 마음이 들었다. 정성이 통했을까,

얻어온 피 다섯 병을 수혈한 후 기적처럼 출혈이 멈추었다. 손상되었던 식도와 위 점막의 밑에서 새살이 자라나면서 출혈이 멎은 것이다. 소년에게 콧줄을 통해 우유를 먹이고, 며칠 지나 미음을 먹이고, 드디어 콧줄을 빼고 죽과 밥도 먹였다. 체중이 늘고 혈색도 좋아지고 건강도 되찾게 된 소년은 무사히 퇴원했다(물론 소년은 병원비를 끝내 내지 못했고 병원은 결손처리를 했다. 건강보험이 없던 시절이라 딱한 처지의 환자에겐 젊은 인턴과 레지던트들이 야반도주를 권하는 경우도 있었다).

그 뒤로 소년의 소식을 듣지 못했다. 50년 가까이 흘렀고, 소년은 지금쯤 60대 초반일 것이다. 의사 초년 시절 내가 가장 정성을 쏟았던 환자, 종종 그 소년의 얼굴이 떠오르곤 한다.

물난리 통에서도 꺼내온 약봉지,
할머니에겐 그 약이 전부였다

이효근 정신건강의학과 전문의 · 백암정신병원 진료원장

나는 시골 중소규모 정신병원의 봉직의다. 이곳에 내려와 자리를 잡은 지 올해로 12년째. 이곳의 하루하루는 도심지 큰 대학병원의 풍경과는 사뭇 다르다. 의사들이나 환자들이나 호흡이 길고 조금은 느리다고 할까. 주로 만성 조현병으로 입원한 환자를 돌보는 병원이다 보니 그런 상황은 두드러진다.

입원 환자 진료가 주된 업무라 외래 환자는 많지 않다. 내가 외래에서 만나는 사람들은 주로 증세가 호전되어 통원 치료 중인 조현병 환자들이거나, 인근 노인 요양원에서 오는 치매 환자들, 그리고 몇 안 되는 동네의 신경증 환자들이다.

가벼운 불안과 불면으로 통원 치료 중인 박 할머니도 그런 분들 중 하나다. 일흔이 넘은 나이지만 아직 건강해서 병원에도 혼자 오시고 사부작사부작 일도 다니신다. 나름대로 치료가 잘 되어 이젠 남은 증상도 거의 없다. 사실 약도 끊어보자고 몇 번이나 권유했는데도 약 없으면 맘이 좋지 않다며 굳이 오신다.

할머니가 오시면 간단한 안부를 묻는 것으로 진료를 시작한다. 그날도 나는 무심히 물었다. "그간 별일 없으셨어요?" 짧지 않은 시간 동안 만나온 할머니에게 큰 의미 없이 던지는 질문이다. 돌아오는 대답도 늘상 비슷하다. "별일은요, 다 늙어서 뭔 일이 있겠어요." 늘 이 정도로 대답을 하셨는데 그날은 달랐다.

"사실, 뭔 일이 있었어요. 이번 장마 때 산사태가 나서 집으로 들이치는 바람에 벽이 무너지고, 소나무가 안방까지 들어오고⋯. 아유 말도 못 해요. 물이 들어차서 냉장고고 테레비고 다 망가지고요. 며느리들이 시집올 때 해온 이불, 아까워서 덮지도 못하고 가지고 있던 거, 그거까지 다 망가졌어요."

할머니는 속상한 듯 피해 상황을 계속 설명하셨다.

"다행히 내가 일 나갔을 때 그 난리가 나서 다친 데는 없어요. 옆집 할아버지는 산사태 났을 때 집에 있다가 무릎이랑 다 부러졌대요. 일하다가 소식 듣고 집에 달려왔더니 허벅지까지 물이 차더라고요. 우리 손자가 와서, 그 물속에 들어가서 가족사진하고 약만 겨우 가지고 나왔어요. 잘 보이라고 테레비 위에 뒀거든요. 문갑에 넣어 뒀으면 다 못쓰게 됐을 거예요."

"아이고 할머니 약 그게 뭐라고. 물에 젖어서 못 쓰게 되면 병원에서 다시 드려요. 물론 이중 처방이긴 한데, 제가 사유를 컴퓨터에 쓰면 다시 드릴 수 있어요. 그런 일이 또 있으면 안 되지만, 만약 또 그런 일 생기면 절대로 약 꺼낸다고 물구덩이에 들어가시면 안 돼요. 제가 다시 드리면 되는데."

"그래도 어디 그래요. 그 약 덕에 내가 맘 편히 사는데."

할머니의 말을 듣고, 잠시 멍해졌다. 진료실 컴퓨터 모니터에 뜬 할머니의 차트에는 이렇게 쓰여 있었다. '증세 호전되었고 투약 중단 권유했으나 심리적 의존 있어 지속적인 처방 원함.'

참 무정하게도 적었구나. 이렇게 소중한 건데. 심리적 의존이든 뭐든, 내가 무심히 주는 그 약이 할머니한테는 이렇게 소중했구나. 그 물바다 난리법석 속에서 할머니는 손자에게 부탁했겠구나. "너희들 사진하고, 내 약하고, 다른 건 몰라도 그건 꼭 꺼내 와줘."

죽비에 맞은 듯 퍼뜩 깨닫는 마음
'나태하지 말 것, 정성을 다할 것'

외래 진료를 마치고 병동에 올라가 입원 중인 조현병 환자와 면담하다 문득 이런 생각도 들었다. 만성 정신병원 봉직의 생활을 무엇에 비유할 수 있을까. 그것은 어쩌면 호수를 바라보는 일 같기도 하다. 가끔은 풍랑이 일기도 하지만 대부분의 시간은 잔잔한 호수. 혹자는 이야기한다. 조현병 환자의 3분의 1은 아무리 치료를 잘 받아도 결국 만성화의 길을 걷게 된다고. 3분의 1까지는 몰라도, 임상 실제에서는 아무리 신약을 쓰고 상담과 여러 보조 치료를 해도 환청과 망상이 호전되지 않는 조현병 환자들이 있다. 우리 병원 입원 환자들 중 일부도 대학병원과 시내 정신병원을 거치며 그런 과정을 겪은 분들이다.

그런 분들을 보며, 가끔 고요한 호수 위에 떠 있는 한 척의 배를 떠올린다. 주변의 어떤 변화에도 반응하지 않고, 요동하지 않는 작은 배. 조현병이 만성화되어 음성 증상이 짙어지면, 환자는 때로 주변의 모든 자극으로부터 철수하여 세상 어떤 것에도 아랑곳하지 않는 사람이 되기도 한다.

그런 환자들과 함께 있다 보면, 그래서 약물을 들고 갖은 노력을 다 해봐야 아무런 변화가 없다는 허무감을 몇 번 느끼다 보면, 마음엔 못된 생각이 들기도 한다. '아이, 너무 애쓰지 말자. 그냥 반복해서 처방하든, 책과 논문 찾아가며 별 노력을 해보든, 어차피 호수 위에 떠 있는 배일 뿐이잖아.'

하지만 그런 생각 중에도, 가끔 진료실에서 그 할머니 같은 분을 만나면, 선방에서 졸다가 주지 스님의 죽비를 어깨에 맞은 선승처럼 정신이 번쩍 든다. 나태해지지 말아야지. 잘 처방해야지. 약이란 거, 이렇게 소중한데. 물바다 아수라장 속에서 소중한 가족사진과 함께 꼭 꺼내 와야 할 정도로, 누군가에겐.

PART 2

국경없는의사회의 지원으로 수술을 받은 후
삶의 궤도를 되찾은 아이들을 보며 생각한다.
'아, 이곳에선 내가 정말 필요한 사람이구나.
내가 가진 기술이 이렇게 귀중한 자원이구나.'

"남편은 한센병 환자입니다."
죽음 앞둔 아내가 눈물로 쓴 편지

김종필 피부과 전문의 · 한국한센복지협회 연구원장

천형天刑. 옛사람들은 한센병을 하늘이 내린 형벌이라 불렀다. 왜 걸리는지, 어떻게 치료하는지, 속 시원한 답이 없었다. 환자들은 제때 치료받지 못해 손, 발, 얼굴 등 신체에 변형이 생기곤 했다. 사람들은 그런 환자를 보면 혹시라도 내게 옮을까, 공격적으로 돌변하기 일쑤였다. 사정이 그렇다 보니 환자와 가족들은 병력을 비밀로 품은 채 살아갈 수밖에 없었다. 일반 병의원들도 한센병 환자라면 치료를 꺼리던 시절, 한국한센복지협회는 환자들이 마음 놓고 비밀을 이야기할 수 있는 곳이었다. 아무렇지 않게 진료를 보는 내게 환자들은 자신의 숨은 사연을 들려주곤 했다. 이 중 가장 기억에 남는 A씨의 이야기를 풀어보고자 한다.

A씨가 한센병에 걸렸다는 사실을 안 것은 1960년대 후반, 스물한 살 때였다. 왼쪽 팔에 감각이 느껴지지 않아 찾아간 보건소에서 한센병이라는 진단을 처음 받았다. 앞이 캄캄했고, 끝없는 공포감이 밀려왔다.

"손발이 없어지는 것보다 함께 사는 가족이 없어질까 봐, 그게 더 무서웠어요. 그래서 식구들에게는 철저히 비밀로 한 채 답손(치료약)을 먹었지요."

A씨는 3년간 성실하게 치료를 받았고 병세는 눈에 띄게 좋아졌다. 일찍 약을 먹기 시작한 덕에 겉모습도 일반인과 같았다. 완치됐다고 믿고 결혼도 했다. 그러나 행복한 삶 속에서도, 그는 늘 재발하지나 않을까 불안했다. 그래서 치료 약을 완전히 끊진 않고 생각나면 두세 달에 한 번씩 먹었다.

안타깝게도 걱정은 현실이 됐다. 1990년대 후반 A씨는 전신에 붉은 반점이 돋아난 채 한센복지협회를 찾아왔다. 홍반은 한센병의 주요 증상 중 하나. 재발한 것이었다. 나는 요즘에도 적용되는 답손, 리팜피신, 클로파지민 3중 복합요법을 처방했다. A씨의 상태는 금방 좋아졌지만 꾸준히 치료해오지 않은 탓에 후유증이 남았다. 온몸 관절 마디마디를 바늘로 찌르는 것 같은 신경통과 뜨거움이나 아픔을 느끼지 못해 자신도 모르게 생기는 온갖 상처를 갖고 살아가게 됐다. 부인이 남편의 병을 알게 된 것도 이때였다.

A씨는 병원에 올 때 부인과 자주 동행했다.

그는 아프다는 말조차 쉽게 이야기하지 않을 만큼 소심한 사람이었다. 그래서 진료는 항상 이런 식으로 흘러갔다.

나 : 발에 상처가 새로 생겼네요. 어디 더 아픈 곳은 없으세요?

A씨 : 음, 없어요….

부인 : 아니, 잘 때 계속 아프다 아프다 앓으면서 왜 말을 안 해
요! 신경통에 듣는 약 좀 주세요.

나 : 신경통 약 처방해드릴까요?

A씨 : 저…, 그렇게 해주세요.

부인 : 아픈 사람이 아프다고 말을 해야지. 아이고 답답해!

부인은 핀잔을 주면서도 항상 남편을 먼저 챙겼다.

A씨는 60대에 접어들면서 오른팔에 말썽이 생겼다. 근력이 없
어져 무엇도 쥐기 힘들게 됐다. 한센병과 연관성은 찾을 수 없었
다. 신경외과, 신경과, 재활의학과 어디에서도 원인을 모른다고
했다. 그리고 더 큰 불행이 더해졌다. 부인이 암으로 먼저 세상을
떠난 것이다. 이런 상황을 몰랐던 나는 오랜만에 진료를 보러 온
A씨에게 물었다. "오른팔은 어떠세요? 부인은 바쁘신가요?"

"…."

A씨의 침묵은 으레 있던 일이지만, 눈물은 처음이었다. 그는
울음을 삼키며 아내의 소식을 나지막이 전했다. 그날의 진료는 짧
고도 길었다. 그리고 2년 뒤인 2009년, A씨는 텅 빈 집에서 쓸쓸
하게 눈을 감았다.

눈물로 얼룩진 편지,
끝내 닿지 못한 마음의 아픈 상처

얼마 후 A씨와 친분이 있던 환자를 통해 부인이 남긴 편지가 있다는 사실을 알게 됐다. 수신인은 A씨의 누나였다. 전해 들은 내용은 이랬다.

형님, 갑작스런 편지에 놀라셨죠? 꼭 해야 할 이야기가 있어서요. 사실 그이는 한센병 환자랍니다. 알려지면 혈육에게조차 버림받을까 봐 여태껏 말하지 못했네요. 이제라도 얘기를 털어놓는 건 제가 얼마 살지 못할 것 같아서입니다. 의사도 마음의 준비를 하라네요. 그런데 요즘 저 사람 건강이 눈에 띄게 안 좋아져서 걱정이에요. 다발성 근병증이란 병이 와서 수저조차 쥘 수 없는데, 혼자 두고 가려니 너무 걱정이 되네요. 그래서 형님께 부탁드려요. 제가 없더라도 저 사람 병 겁내지 마시고, 식사라도 챙겨 먹을 수 있게 꼭 도와주세요. 그이 가족 중에서 가장 마음 따뜻한 형님께 드리는 제 마지막 부탁입니다.

편지에는 눈물 번진 자국이 여러 곳 남아있었다고 한다. 쓰면서 흘린 부인의 눈물, 그리고 그 위를 적신 누나의 눈물.

사실 누나는 동생이 한센병에 걸렸다는 사실을 일찌감치 알고 있었다고 한다. 무서웠지만, 그렇다고 동생을 버릴 수는 없었다.

동생이 결혼할 사람을 데려왔을 때는 덜컥 겁부터 났다. 사실이 드러나면 동생이 상대에게 버림받고 혼자 남게 될까 봐 평생 비밀로 간직했다. 그런데 올케가 그 비밀을 알고도 동생을 사랑했고, 비밀 때문에 혼자 끙끙 앓다 자신의 죽음이 임박해서야 시누이에게 그 사실을 털어놨다는 게 너무 미안하고 고마워서 하염없이 눈물을 흘렸다는 것이다.

서로가 사랑해서, 걱정해서 말할 수 없는 비밀이었다. 서로의 진심은 같은 방향을 향해 있었지만 끝내 닿지 못한 채 슬픔에 젖은 편지만 남았다.

한센병은 완치 가능한 질병이다. 빨리 치료하면 후유 장애도 없고, 전염도 되지 않는다. 유전도 아니다. 하지만 무지와 오해, 편견 때문에 한센병 환자들은 온갖 차별과 멸시를 받아야 했다. 얼마나 많은 한센병 환자와 가족들이 애끓는 삶을 살아왔던가. 한센병이 완치되어도 이 삶의 상처는 낫지 않는다. 환자는 물론 그 가족들에게까지 아픔을 주는 편견과 오해는 어떻게 보면 한센병보다 더 무서운 것이다.

차별 없는 하늘에서 A씨 부부가 영원히 행복하길 기원한다.

코로나 검사받던 노인은
욕설을 쏟아냈고,
난 폭발하고 말았다

김경중 공중보건의 · 순천시 공중보건의사

딱 2년 전 이 무렵이다. 아름답고 평화로운 도시 전남 순천에도 코로나-19가 본격적으로 번지기 시작했다. 이전에도 간헐적으로 확진자가 나오긴 했지만, 다 합쳐도 10명 이내였다. 그러다 8월 광복절 전후로 시작된 2차 대유행 물결은 마침내 순천까지 상륙했다. 일주일 만에 50명의 확진자가 나왔다. 인구 비례로 보면 서울에 1,700명 확진자가 나온 것과 비슷한 규모로 보면 된다.

모든 건 한순간이었다. 순천만습지, 국가정원 등 관광지는 텅 비었고, 길거리엔 인적조차 찾기 힘들었다. 단 일주일 만에, 순천은 정적에 빠진 도시가 되어버렸다.

선별진료소만 인산인해, 아비규환이었다. 난 이곳 공중보건의다. 헬스장, 학원, 어린이집, 카페, 병원 등 장소를 가리지 않고 확진자들이 발생했고, 수많은 접촉자가 검사를 받기 위해 몰려왔다. 많은 날은 하루 2,000명까지 검사를 했다. 우는 아이를 달래가며 검사를 하기도 했다. 귀가 잘 들리지 않는 어르신들에게 큰소리로 외치면서 문진표를 작성해나갔다. 검사 자체가 아파서 엉엉 우는 사람들도 있었다.

도무지 끝이 보이지 않았다. 쉬지 않고 일해도 검사받으러 오는 사람은 줄지 않았다. 매일매일 이를 악물고 참고 또 참았지만, 하나둘 쓰러지는 의료진이 생기기 시작했다.

그러던 어느 날이었다. 저 멀리서부터 아주 큰 목소리로 항의하는 소리가 들려왔다.

"왜 이리 사람이 많아? 검사는 언제 해주냐? 더워 죽겠는데, 도대체 언제까지 기다려야 해?"

한 남성 노인이었다. 그는 검체 채취를 기다리며 온갖 불평불만을 쏟아냈다. 검체 채취는 본래 입과 코를 통해 두 차례 이뤄진다. 입 안쪽에 있는 구인두 벽에서 채취하는 경우, 검사 도중 구역감이 유발될 수 있다. 많은 분들이 검사를 받아봐서 알겠지만, 더 고통스러운 건 비인두 검체 채취다. 깊숙이 위치한 비인두 후벽에서 검체를 채취하려면, 상당히 긴 면봉이 코안으로 들어가야 한다. 그 과정에서 비강 내 점막들을 건드리게 되고, 이때 상당한 통증과 불편감을 느낄 수 있다. 그 느낌은 말로 표현할 수가 없다.

그 노인도 구인두 검사까진 잘 버텼다. 하지만 비인두 검사가 문제였다. 코안으로 면봉이 들어오자마자, 검사자의 손을 잡고 코에서 면봉을 빼버렸다. 그러더니 검사 자체를 거부했다. 몇 번의 실패 후 간신히 설득한 끝에, 면봉을 코안 깊숙이 넣을 수 있었다. 끝나자마자 그는 의료진을 향해 차마 글로 옮길 수 없는 거친 욕설을 쏟아부었다. 지켜보던 나는 결국 폭발하고 말았다.

"저희 검사 계속 진행해야 하는데 이러시면 곤란합니다. 돌아가서 자가 격리하시죠."

"너는 뭔데 끼어들어?" 그러고는 나를 옆으로 확 밀쳤다. "이게 얼마나 아픈지 니가 알아?"

"압니다. 아픈 거 저도 알아요."

"웃기지 마! 제대로 알 수 있게, 내가 니 놈 코 한번 찔러줄까?"

그 순간 나는 이성의 끈을 놓아버렸다.

"네! 직접 제 코에 찔러 넣어주시든가, 마음대로 해보세요!"

수많은 사람이 지켜보는 와중에 나는 마스크를 내리려고 했다. 그때 직원들이 달려와 일이 커지는 걸 겨우 막았다. 그렇게 사태는 종료됐다.

돌이켜보면, 노인과의 말다툼은 부끄러운 일이었다. 사실 노인으로선 처음 받아보는 코로나 검사였고, 충분히 놀라고 화날 수도 있었다. 반면 나는 여러 차례 검사를 받았고, 타인에겐 수천 번 검사를 진행했다. 너무나도 익숙해진 나머지, 노인을 전혀 이해하지 못하고 그를 향해 분노를 터뜨린 것이다. 설령 화가 나더라도 의사인 나는 참았어야 한다.

의사가 된 지 이제 겨우 2년이다. 장차 어떤 분야의 전문의가 될지, 앞으로 의사로서 어떤 인생을 추구할지, 3년간 공중보건의로 복무하며 결론을 내리자는 게 나의 원래 계획이었다. 그러나 예상치 못한 팬데믹 사태가 닥쳤고, 상상조차 못한 사투가 이어지며 나의 고민은 한층 더 복잡해졌다.

배려와 이해와 공감,
코로나19를 건너는 작은 돌다리들

2020년 여름은 그렇게 지나갔다. 나도 변했고, 순천도 변했다. 11월에 또 한 번 큰 유행이 찾아왔지만, 이전과는 달랐다. 8월의 대유행 경험 덕분에, 다들 단단해진 것이다. 시민들은 혼란이나 공포에 빠지지 않고 침착하게 상황에 적응했다. 의료진도 긴밀하고 체계적인 자세로 대응해나갔다. 서로의 이해가 형성되면서 노인과 충돌했던 것과 같은 현장의 갈등상황도 대부분 사라졌다.

나 역시 당장 할 수 있는 작은 일부터 실천해 나갔다. 아무리 바빠도 선별진료소를 찾아오는 환자분들을 향해 말 한마디라도 건네기 시작했다. "검사 아픕니다. 불편해요. 힘드시겠지만, 딱 한 번만 참으세요."

이 말을 듣는다고 통증이 줄어드는 것은 아니겠지만, 그래도 미리 마음의 준비를 하길 바라면서 환자들을 향해 계속 말했다. 또한 나를 위해서 하는 말이기도 하다. 환자를 대할 때 익숙함에 빠지지 말자는 다짐을 떠올리기 위해서다.

벌써 네 번째 대유행이다. 끝을 가늠조차 할 수 없다. 절망감을 느낄 때도 많다. 하지만 결국은 서로 이해하고 배려하며 공감하는 것만이 코로나 세상에서 버틸 수 있는 유일한 힘이라는 것, 초보 의사가 코로나-19 현장에서 1년 반을 보내며 내린 결론이다.

뼈와 살이 으스러진 외상,
마음속 사망진단서 썼던
그가 살아왔다

문윤수 외과 전문의 · 대전을지대학교병원 권역외상센터 교수

외래 환자 명단 화면에 그 여성 이름이 있다. 지난가을, 기억 속에서 지우고 싶을 만큼 나를 고통스럽게 만들던 이름이다. 울부짖는 목소리와 비참하고 잔인하게 으스러진 허벅지가 아직도 생생히 기억난다. 중증외상 환자가 해가 지나 외래 진료를 예약하는 경우는 대부분 미처 받아가지 못한 서류가 있거나 보험회사 직원이 대신 진료 기록을 받으러 올 때다. 다시 생각하고 싶지 않은 처참했던 그날을 생각하며 나는 혼자 괴로워하고 있었다.

나는 환생을 믿지 않는다. 믿는 종교도 없을뿐더러 권역외상센터에서 중증외상 환자들의 수많은 죽음을 봐 왔고, 내가 쓴 사망진단서 날짜가 결코 변하지 않는다는 것을 알기 때문이다. 어느

날 내 마음속에서 작성한 사망진단서 하나가 잘못되었다는 것을 알았다. 그 때문이다.

문이 열리고, 남편과 함께 방긋 웃으며 휠체어를 타고 들어오는 그가 보인다. 나는 지난가을 사고 직후 잠들기 직전 마지막 그의 모습을 기억하는 사람이기에 단번에 알아봤다. 이 병원을 떠나기 전 퉁퉁 부은 얼굴에다 여러 개의 관을 꽂았던 것과는 달리 건강한 모습이다.

"안녕하세요."

고통으로 울부짖는 목소리가 아닌, 너무나 밝고 건강한 목소리다. 나는 이 순간이 꿈이 아닐까 하는 착각에 빠졌다.

지난가을이었다. 소리가 아니라 뼈와 살이 으스러지는 절규가 내 귓전을 때렸다. "너무 아파요. 허벅지, 다리가 너무 아파요. 아파 죽을 것 같아요."

"이제 자게 해줄게요. 지금부터 안 아프고 잠들게 해줄게요."

그를 강제로 잠들게 하고, 입안에는 관을 넣어 인공호흡기에 숨 쉬는 것을 맡겼다. '아파 죽을 것 같아요'가 그가 이 세상에서 내는 마지막 목소리가 아니고, 분명 다시 살아나서 고통의 절규가 아닌 아름다운 목소리로 다시 말할 날이 올 것이라 나는 믿었다. 그러나 최악의 상황이 생긴다면 그의 마지막 목소리를 들은 사람이 내가 될지도 모른다는 두려움은 항상 있었다.

그는 인간이 어디까지 다칠 수 있는지, 그 한계를 내게 보여주었다. 몸이 산산조각 으스러진다는 표현은 그에게 해당하는 말이었다. 사람 몸은 내부 장기와 뼈를 보호하기 위해 근육, 피하지방과 피부로 단단하게 겹쳐져 있다. 그는 자신의 몸보다 수백 배 무겁고 커다란 트럭에 깔렸다. 골반 뼈 반쪽이 으스러지며 한쪽 골반부터 엉덩이, 허벅지에서 다리까지 피부와 근육이 떨어져 나갔다. 119구조대에 실려 온 그는 한쪽 엉덩이부터 허벅지까지 피부가 덜렁거리며 피가 줄줄 흐르고 있었다. 치료를 뼈부터 시작해야 할지 골반 근육이나 피부, 혈관 중 어디부터 시작해 살려내야할지 도저히 가늠이 안 됐다. 25톤 트럭에 깔린 그의 몸에 골반과 허벅지가 붙어 있는 자체가 기적이었다.

근본적 치료가 아니라 오직 생존을 위해 하나하나 고쳐나가기 시작했다. 피부 일부 봉합, 골반 뼈 임시 고정, 인공항문을 만들어 주는 수술을 차례로 했다. 수술하는 동안 그는 잘 버텨주었다. 하지만 나는 입, 코, 목에 관이 주렁주렁 달린 아내를 보면서 매일 눈물만 쏟아내는 그의 남편에게 어떤 위로도 할 수가 없었다. "살아있는 것이 기적입니다. 최선을 다해 치료하겠습니다." 매일 같은 말만 반복했다.

날이 갈수록 새로운 문제들이 생겨났다. 살아있는 것 자체가 기적인 그에게 피부부터 근육, 뼛속으로 파고드는 감염을 도저히 막을 수 없었다. 썩어가는 근육과 피부를 수차례 도려내는 중에 의식이 없어지고 동공 반응이 사라졌다. 처음 다칠 때 허리뼈 안 척추신경을 싸고 있는 막이 손상되었다. 엉덩이 근육이 심하게 썩어가는 바람에 가까스로 버티던 그 막마저 힘이 빠져 뇌척수액이 쏟아져 나왔다. 뇌를 보호하는 뇌척수액이 빠져 뇌가 부어버리고 의식은 없어졌다. 설상가상이라는 말이 무색할 만큼 생명 끝자락 낭떠러지로 떨어지고 있는 그였다.

엉덩이와 허벅지가 썩고 뇌가 부어가면서 의식 없는 그는 깨어나지 못하고 있었다. 나도 모르게 마음속으론 사망진단서를 써야 하나 고민했다. 피부 이식 전문 의료진과 시설이 부족한 이곳에서 치료를 계속하는 것이 불가능하다고 판단하여 썩어가는 피부와 근육이라도 살리기 위한 마지막 희망으로 화상 전문병원으로 전원을 결정하였다. 매일 울면서 나의 치료 과정을 지켜본 남편은 전원 직전 마지막 남은 눈물을 울컥 쏟으며 꾸벅 인사하였다. "나중에 와서 꼭 인사드리겠습니다."

낭떠러지 위에 선 환자와 가족들,
의사는 그들이 믿고 의지할 마지막 희망이다

그런데 마음속 사망진단서를 쓴 그가 지금 내 앞에 있다. 나에게 감사의 말을 한다. "아파서 죽을 것 같아요."라는 말이 아니라 "치료해주셔서 감사합니다."라고 말한다. 나는 머릿속에 지난가을 적어놓은 사망진단서를 얼른 지워버리고, 그와 남편에게 사진을 찍자고 말했다. 사진 속 너무나 밝게 웃는 그의 모습이 보인다.

중증외상 환자들과 함께한 지 10여 년, 낭떠러지 끝에 발 하나만 걸친 환자들과 매일 함께한다. 때로는 힘들고 내 능력으로 감당 안 되는 환자를 만날 때 나는 그와 찍은 사진을 보며 마음속으로 말한다.

'낭떠러지 끝에 있는 환자와 가족들에게 유일하고 기댈 수 있는 주치의가 희망의 끈을 놓지 않는다면, 언젠가 환자는 살아서 가족과 함께 밝게 웃을 수 있다.'

그를 다시 만나면 말해주고 싶다.

"이렇게 살아주어서 저는 그저, 감사합니다."

'어떻게 살렸는데, 절대 못 보내.'
구급대원들 마음의 소리

임재만 소방위 · 대전소방본부 119종합상황실 구급상황관리사

'구급대원' 하면 어떤 모습을 가장 먼저 떠올릴까. 아마도 잔뜩 긴장한 채 구급차에서 심폐소생술을 하는 모습이 아닐까 싶다. 그렇다. 구급대원에게 심정지 환자는 피할 수 없는 숙명이고, 심폐소생술은 구급대원이 심정지 환자에게 해줄 수 있는 마지막 응급처치다.

사례 1. 2018년 7월 9일 아침. 나는 소방서에서 식사를 하며 '9시 퇴근'을 기다리고 있었다. 우리끼리 종종 '제시간에 식사를 마치면 그날 할 일의 절반은 한 것'이라고 얘기하곤 한다. 역시나! 출동 벨이 요란하게 울렸다. 우리 팀은 박차고 일어나 구급차로 달렸

다. 상황실에서 온 지령서에는 '심정지'라는 단어가 선명했다. 구급차 2대와 6명의 구급대원이 동시 출동했다.

현장에 도착했을 때 30대 남성이 거실에 누워 있었다. 환자 어머니 말에 따르면 그는 출근 준비를 하던 중 갑자기 쓰러졌다고 한다. 의식, 호흡, 맥박 등 아무런 생체징후가 없는 전형적 심정지 환자였다. 우리는 곧바로 가슴 압박을 시작하고, 심장충격기를 부착해 심전도를 확인했다. 무수축이었다. 영화에서 보는 것처럼, 옆으로 반듯하게 그려지는 파형이다. 기도 확보, 인공호흡, 가슴 압박, 정맥혈관을 통한 수액 투여 등 구급대원이 시행할 수 있는 모든 처치가 순식간에 이뤄졌다. 이제는 환자의 몸이 반응하기를 기다리는 수밖에 없다. 그것은 누구도 대신해줄 수 없는 환자 자신의 몫이다.

약 5분 후, 심전도가 무수축에서 심실세동으로 변하고 있었다. 심실세동은 전기충격을 통해 환자의 소생을 기대할 수 있는 파형이다. 우리는 곧바로 환자의 가슴에 전기충격을 시행했다. 얼마 후 환자의 심장이 스스로 뛰기 시작했다. 그리고 또 얼마 후 환자는 스스로 숨을 쉬기 시작했고 이어 의식을 회복했다. 현장에서 심장을 되살렸으니 1단계는 성공이었다.

이제 환자를 구급차로 옮겨야 했다. 그런데 환자는 100kg이 넘는 거구였고, 엘리베이터가 없는 4층에 살고 있었다. 들것을 쥔 손은 힘이 빠지고 비틀린 자세 탓에 허리도 끊어질 듯 아팠지만 참는 것밖에 방법이 없었다. 겨우 환자를 구급차에 태우고 아파트

단지를 나와 도로에 들어서는 순간, "아!" 하는 탄식이 나왔다. 오전 8시 20분, 교통 정체가 극심한 월요일 아침이었다. 우리는 겨우 살려놓은 심장이 다시 꺼질까 조마조마하면서 평소보다 두 배나 많은 시간을 도로에서 보낸 후에야 응급실에 도착했다.

그 시간 환자는 다행히 잘 견뎌줬고, 의사소통이 가능할 만큼 회복됐다. 환자는 두려움에 찬 목소리로 "무슨 일이에요? 가슴이 아파요. 저 괜찮아요?"라는 말을 반복했다. 난 속으로 외쳤다. '그래 괜찮아. 우리가 너를 어떻게 살렸는데, 절대 그냥 안 보내.'

며칠 후 환자 상태를 확인하기 위해 전화를 했더니, 그는 3일 만에 퇴원했고 지금은 갈비뼈 골절에 대해 통원 치료 중이라고 했다. 골절은 아마도 우리 팀이 '당신은 아직 젊습니다. 살아날 수 있습니다.'라고 속으로 말하면서 가슴 압박을 매우 강하게 했기 때문일 것이다.

사례 2. 2020년 2월 26일 아침. 출근하자마자 출동이었다. 환자는 59세 여성으로 클리닉에서 위내시경 검사를 기다리던 중 의식을 잃고 쓰러졌다. 구급차 2대가 동시 출동했다. 먼저 도착한 다른 구급차 대원들이 심폐소생술을 하고 있었다. 생체징후가 전혀 없는 상태로 한눈에 심정지 환자임을 알 수 있었다.

우리 팀은 환자 가슴에 심장충격기를 부착했고 심실세동이 확인되어 두 번의 전기충격을 시행했다. 그러자 환자의 심장이 반응했다. 혈압이 낮아 맥박이 뚜렷하지는 않았지만 심전도는 정상에 가까운 파형을 보였다. 우리 팀은 기도에 튜브를 삽입하고 정맥혈관에 약물(에피네프린)과 수액을 투여했다. 구급차가 현장을 출발할 무렵 환자의 심전도와 호흡, 맥박은 정상이었다.

그런데 응급실로 달리던 중 환자의 심장이 다시 멈췄다. 우리 팀은 구급차를 길가에 세웠다. 다시 환자의 가슴에 전기충격을 시행하고 정맥혈관에 약물을 추가로 투여했다. 말 그대로 생사의 기로였다. 환자의 심장은 죽었다 살았다를 반복했다. 구급차가 응급실에 도착할 무렵, 환자의 심장과 호흡은 겨우 회복됐다.

환자를 응급실 의료진에게 인계하고 나자 긴 한숨이 나왔다. 환자를 소생시켜 응급실에 도착했다는 것, 구급대원으로서 할 수 있는 처치는 다 했다는 것, 만감이 섞인 한숨이었다. 열흘 후 환자가 일반 병실에서 잘 회복하고 있다는 소식을 들었다. 살아있음은 그 자체로 눈부시게 아름답다. '호텔 캘리포니아'의 노랫말처럼 이 말을 전하고 싶었다. "이승에 오신 걸 환영합니다."

숨 막히는 부담과 보람 사이,
심정지 환자를 삶 쪽으로 되돌려놓는 일

구급대원들 사이에는 '심정지 환자가 되살아나려면 환자와 구급대원의 합이 잘 맞아야 한다'는 얘기가 있다. 환자는 소생 가능한 상태여야 하고, 구급대원의 응급처치도 정확해야 한다는 의미다.

이처럼 심정지 환자는 어머니 몸에서 태어날 때 못지않은 어려움을 거쳐 되살아난다.

환자의 생과 사에 관여한다는 건 숨 막히는 부담이다. 그래도 현장에서 심정지 환자를 되살리고 나면 구급대원으로서 말할 수 없는 감동과 보람이 몰려온다.

심정지 환자를 소생시킨 공로로 우리 팀원은 나란히 하트세이버 인증을 받았다. 하트세이버를 받으려면 병원 도착 전 환자의 심장을 되살려야 하고, 환자가 일상생활이 가능할 정도로 완전히 회복되어야 한다. 이제라도 그 환자분들께 인사를 드린다.

"살아주셔서 감사합니다."

얼굴재건수술 받은
나이지리아 소녀의 첫마디
"저 이제 결혼할 수 있어요."

김결희 성형외과 전문의 · 국경없는의사회 활동가 · 강동성심병원 성형외과 임상조교수

'성형외과 의사가 국경없는의사회에서 할 일이 있을까?'

내가 성형외과 전문의이자 국경없는의사회 활동가라는 이야기를 듣는 많은 사람들이 의아해한다.

사실 성형외과는 두 가지 분야로 나뉜다. '미용 성형Plastic Surgery'과 '재건 성형Reconstructive Surgery'이다. 신체의 일부를 심미적으로 더욱 아름답게 만드는 것이 미용 성형이라면, 재건 성형은 질병이나 부상, 사고로 신체 일부가 손상되거나 기능이 저하된 경우 그 부분을 정상의 상태로 되돌리는 수술을 뜻한다. 국경없는의사회에서 성형외과 의사의 역할은 '재건'에 해당한다.

나는 국경없는의사회를 통해 총 세 번의 의료지원 활동을 다녀

왔다. 첫 활동에서는 2016년 중미의 아이티에서 총상 환자를 주로 치료했고, 곧이어 두 달 후 아프리카 나이지리아에서 '노마병' 환자의 안면 재건 수술을 하는 프로젝트에 참여했다. 이후 세 번째로 2018년 팔레스타인 가자지구에서 주로 총상 환자의 하지 재건 수술을 했다. 매 활동이 소중한 경험이었고, 나에게 수술받은 환자 한 명 한 명이 기억에 남지만, 나이지리아에서 만난 한 노마병 환자가 했던 말은 몇 년이 지난 지금도 생생하다.

"선생님, 저 이제 결혼할 수 있을 것 같아요."
어린 여자아이가 수술이 끝나고 나에게 말했다.
한국에서는 다소 생소한 '노마병'은 주로 아프리카 사하라 사막 이남 지역에서 나타나는 세균성 질환이다. 잇몸의 염증으로 시작되어 점점 뼈와 조직을 파괴하는데, 시작점에 따라 턱, 입술, 볼, 코 또는 안구에까지 영향을 미친다. 초반 급성기 사망률은 90%에 육박한다. 10%의 확률로 생존하더라도 심한 안면 손상이 남기 때문에, 먹거나 말을 하거나 숨 쉬는 것이 어려워질 뿐만 아니라 환자는 평생 극심한 사회적 낙인에 시달린다.
내가 수술한 환자 중에는 입 주위의 피부가 녹아 이가 밖으로 그대로 드러난 상태라 무슬림 여성이 착용하는 '부르카'를 턱까지 올려 간신히 상처를 가린 환자도 있었다. 수술 후 나에게 말을 건 아이도 그간 가는 곳마다 손가락질당하고 차별받으며, 스스로 누구에게도 사랑받을 수 없을 거라 여겼을 것이다. 그 아이가 '결혼할 수 있을 것 같다'고 한 건, 아마 '나도 이제 사랑받을 수 있을 것 같다'는 의미였으리라.

노마병은 빈곤한 환경에서 사는 5세 미만 아동에게서 주로 나타난다. 열악한 위생과 영양 상태가 발병의 주요 원인이다. 한국이라면 발병 초기에 항생제 처방으로 쉽게 치료할 수 있겠지만 의료서비스가 부족한 빈곤 지역에서는 질병을 방치하다 심각한 상태에 이르는 경우가 많다. 영양실조를 앓고 있거나 구강 위생이 좋지 않은 경우, 홍역이나 말라리아와 같은 질병을 앓고 있는 경우 특히 노마병에 취약하다. 더욱이 당장 생계유지가 급한 가정에서는 자녀 중 하나가 노마병에 걸리더라도 치료를 받지 않고, 오히려 숨기는 경우가 허다하다. 노마병이 '가난의 얼굴Face of Poverty'이라 불리는 이유다. 의료 격차의 명암을 극명히 보여주는 질병이라 할 수 있다.

노마병 생존자가 조금 더 나은 삶을 살기 위해서는 여러 번에 걸친 복잡한 재건 수술을 받아야 한다. 조직이 없어져 볼에 구멍이 뚫려 있거나 입을 열고 닫을 수 없는 환자, 눈꺼풀이 당겨져 있어 눈을 감지 못하다 결국 실명에 이르는 환자, 코가 없어서 코를 만들어줘야 하는 환자에 대한 재건 수술이 나의 역할이었다.

국경없는의사회는 노마병 환자에게 안면 재건 수술뿐 아니라, 수술 이후 사회로 복귀해 정상 생활을 할 수 있도록 정신건강 지원도 병행한다. 실제로 처음 나이지리아의 노마 병원에 갔을 때, 어두운 구석에서 늘 혼자 시간을 보내던 아이가 있었다. 노마병

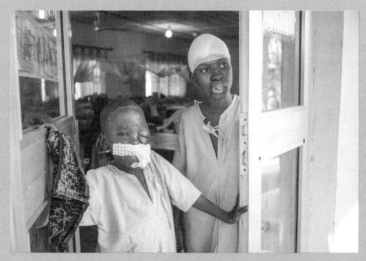

'내가 가진 기술이 누군가에겐 이토록 소중한 자원이구나.' 재건수술 후 회복중인 노마병 환자들을 볼 때마다 의사로서 각별한 자긍심을 느낀다.

으로 인한 안면 손상 때문에 한 번도 다른 아이들과 어울려본 적이 없어 마음의 상처가 깊은 아이였다. 그 아이가 국경없는의사회를 통해 수술과 함께 정신건강 지원을 받고, 내가 활동을 마치고 돌아갈 즈음에는 또래 아이들과 해맑게 어울려 노는 모습을 보면서, '이 아이들이 정말 삶의 변화를 겪고 있구나' 하고 생각했다.

한국에서도 의사로서 보람을 느끼지만, 실제로 의료서비스가 절실한 곳에서 진료하다 보면 환자와의 관계에서 '내가 정말 필요한 사람이구나.' '내가 가진 기술이 정말로 이들에겐 귀중한 자원이구나.' 하는 자긍심이 차오른다. 현장에서 느끼는 보람은 내가 의사가 된 이유를 되새기게 한다. 국경없는의사회는 무력 분쟁, 전염병, 자연재해의 영향을 받거나 의료서비스가 부족한 지역으로 가 환자를 치료한다. 현장에서 만나는 환자 대부분은 국경없는의사회가 아니라면 평생 치료의 기회를 얻을 수 없는 사람들이다. 실제로 국경없는의사회는 의료서비스가 전혀 없는 지역에 병원을 짓고, 의료진을 파견해 환자를 치료하고, 필요한 의료 물자를 들여오고, 지역사회와 협력해 예방 차원의 활동도 펼친다. 취약 지역의 환자에겐 한마디로 '희망'인 셈이다.

코로나-19로 많은 국가에서 이동이 제한되고 의료자원이 부족해졌다. 지금 이 순간에도 어딘가에선 누군가의 도움이 절실한 환자가 있을 것이다. 내가 국경없는의사회 활동을 멈출 수 없는 이유다.

아들 이어 딸도 같은 난치병 진단,
어머니 심정은 오죽했을까?

윤혁 내과 전문의 · 분당서울대병원 소화기내과 부교수

어느 추운 겨울날, 여느 때처럼 자문받은 환자들의 차트를 컴퓨터로 하나씩 열어보며 회신을 하고 있었다. '수개월 전부터 복통과 혈변이 반복되던 젊은 여성, 최근 급격히 악화해 응급실 방문.' 궤양성 대장염을 의심할 수 있는 전형적인 사례다. 치료를 하려면 확진이 필요하니 우선 대장내시경을 하겠다고 답변을 달았다.

　내시경실에서 마주한 그의 상태는 생각보다 심각했다. 겉보기에도 수척하고 얼굴은 창백했다. 배를 눌러보자 괴로운 소리를 냈다. 내시경을 해보니 장 점막 전체가 마치 화염에 휩싸인 것처럼 붉게 부어 있고 깊은 고랑의 궤양들 사이로 피고름이 가득했다. 역시 전형적인 궤양성 대장염의 급성 악화로 보였다.

이후 병동에서 회진을 돌다가 응급실에서 올라온 그녀를 다시 만났다. "병명은 궤양성 대장염 같아요. 대장에 염증이 발생해 혈변과 설사, 복통을 유발하는 만성 면역성 질환입니다. 많이 놀라셨겠지만 일단 대장에 발생한 불을 끄는 것이 급선무입니다."

나에게는 너무나 익숙한 상황이라, 늘 하는 설명을 환자에게 늘어놓았다. 지금은 상황이 좋지 않지만 꼭 잘 치료해서 무사히 퇴원하도록 돕겠다는 말도 **빼놓지** 않았다.

그의 얼굴에는 당황한 표정이 역력했다. 좁은 2인실 병상 커튼 뒤로 함께 보였던 환자 어머니 얼굴에는 절망에 가까운 짙은 그림자가 드리워져 있었다. 안절부절못하며 소심하게 제발 잘 부탁한다던 어머니의 얼굴이 지금도 생생하다. 그런데 어디선가 본 얼굴인데…. 뭐라고 운을 떼야 할지 몰라 망설이던 순간, 환자의 어머니가 나를 먼저 알아보았다.

"선생님, 저 김상수(가명) 엄마예요. 상수 수술할 때 선생님도 함께 계셨는데 기억하세요?"

그제야 기억이 났다. 거의 10년이 다 되어가는 임상강사 시절, 은사님 앞으로 입원했던 한 청년의 어머니였다. 그는 어릴 적부터 궤양성 대장염으로 투병하다 약이 듣지 않아 결국 대장과 직장을 모두 절제하고 소장으로 인공직장을 만드는 큰 수술을 했던 환자다. 당시 은사님은 나를 불러 김상수 환자를 수술해야 하니 환자와 정상인의 대장내시경 사진을 준비해 달라고 하셨다. 이후 은사님은 환자와 어머니를 불러 두 사진을 비교해 보여주며 수술이 필요한 이유를 아주 길게 설명하셨다. 나로서는 무척 인상 깊은 장면이었다.

그는 수술 후에도 합병증이 발생해 한참을 더 고생하다 퇴원했다. 이후 나는 발령을 받았고 그 환자에 대해서는 까맣게 잊고 있었다. 아들이 궤양성 대장염으로 오랫동안 고생하다 결국 전대장 절제술을 받았는데 남은 딸까지 같은 병이라는 선고를 내가 했으니 어머니로서 심정이 오죽했을까? 더구나 그간 남동생이 지병으로 고생하는 것을 곁에서 지켜봐 왔을 환자의 충격은 또 얼마나 클까? 나는 다시 한번 정말 최선을 다해 치료하겠다고 말씀드렸다. 그 말은 스스로에 대한 다짐이기도 했다.

최선의 희망과 최악의 절망 사이,
치료의 가늠자는 서서히 희망 쪽으로 움직였다

하지만 스테로이드 투여 1주일이 지나도 병세에 차도가 없었다. 복통과 발열은 가라앉을 줄 모르고 하루에 스무 번도 넘게 화장실을 들락거리는 상황이 이어졌다. 어쩔 수 없이 다음 치료인 생물학제제를 시작했다. 그리고 외과 교수님께는 수술이 필요할 수도 있는 환자라고 미리 의뢰를 드렸다. 급성 중증 궤양성 대장염은 약물치료 시작 후 1~2주 뒤에도 효과가 없으면 수술을 고려해야 한다. 환자에게는 최대한 희망을 주면서도 항상 최악의 경우를 대비해야 하는 것이 의사의 숙명이다.

그런데 외과 교수님이 다녀간 후 병실은 울음바다가 되었다.

"선생님, 제발 수술만은 하고 싶지 않아요."

"네. 지금 당장 수술을 하자는 것이 아니라, 약이 듣지 않으면 수술이 필요할 수도 있으니 미리 외과 교수님께 알려드린 겁니다. 좀 더 기다려 봅시다."

다시 일주일이 지났다. 병세는 여전히 차도가 없어 보였다. 고민이 깊어졌다. "아무래도 수술을 고려해야 할 것 같아요. 더 기다리면 영양 상태도 나빠지고 점점 불리해집니다."

"선생님, 조금씩 나아지는 것 같아요. 믿어주세요. 수술은 정말 싫어요."

"저는 내과 의사입니다. 약물로 잘 치료해서 수술하지 않도록 하는 게 제 임무입니다. 그런 제가 왜 수술을 좋아하겠어요? 하지만 장을 살리려다 목숨을 잃을 수도 있어요."

나는 애원하는 그를 남겨두고 연구실로 돌아왔다. 그러고는 다시 컴퓨터 모니터를 뚫어져라 살펴보았다. 체온, 혈변, 혈액 검사 등 숫자로 환산 가능한 지표와 환자의 주관적인 느낌, 어느 것이 진실일까. 이리 보고 저리 보고 혹시 놓친 것은 없는지, 다른 방법은 없을지 궁리하고 문헌을 뒤져보았다.

수술을 거부한 환자는 고가의 생물학제제를 비보험으로 한 번 더 투여받았다. 이후 활활 타오르던 불길이 서서히 잡히기 시작했다. 아마 한 달을 그렇게 입원했던 것 같다.

다시 몇 개월이 지났다. 기다리던 봄이 왔고 그에게도 따스한 햇살이 비치기 시작했다. 체중이 회복되고 탈모와 생리불순도 모두 정상화되었다. 외래 진료실에서 그가 자랑스레 말했다.

"선생님, 저 이제 직장에 복귀하기로 했어요."

"정말 잘 되었네요. 보기 좋아요. 축하합니다!"

"그동안 선생님 말씀도 잘 안 듣고, 제가 선생님 속을 너무 많이 썩였죠? 죄송해요."

"아닙니다. 충분히 이해합니다. 하지만 워낙 심했기 때문에 방심은 금물이에요. 앞으로도 계속 잘 치료받으세요."

"선생님, 정말 감사드려요." 뒤에서 어머니가 수줍게 웃으며 말했다.

인연이라고 해야 할까, 아니면 우연일까. 사는 곳도 멀리 떨어져 있는데, 하필 우리 병원 응급실을 방문한 그 모녀를 내가 다시 만나다니. 생각할수록 신기할 뿐이었다. 이후 나는 해외연수를 떠났고, 그를 연고지 병원으로 회송했다. 그 모녀가 어떻게 지내는지 지금도 궁금하다. 재발 없이 잘 지내기를 바랄 뿐이다.

"이 도둑놈아!"
약값을 확인한 노인은 의사를 향해 고함쳤다

박창범 내과 전문의 · 강동경희대병원 심장혈관내과 교수

머리가 희끗희끗한 70대가량의 노인 한 분이 말쑥한 정장 차림으로 외래로 들어왔다. 10여 년 전 그 무렵, 나는 심장내과 전문의 수련을 막 마치고 서울의 한 공공병원에서 근무하고 있었다.

"어르신, 어디가 불편해서 오셨나요?"

"집 앞에 있는 약국에 갔다가 전자 혈압계로 혈압을 쟀는데 예전보다 높게 나왔어요. 진짜로 내 혈압이 높은 건지 한번 확인해보려고 이렇게 왔어요."

간단히 문진하고 혈압을 측정했더니 150/80mmHg이 나왔다.

"혈압이 정상보다 높네요. 약을 드시는 게 좋겠습니다."

나는 평소 많이 쓰는 약으로 3개월분을 처방했다. 노인은 고맙

다고 인사하면서 외래를 떠났다. 그런데 20분쯤 지났을까. 밖에서 외래보조원이 누군가와 말다툼하는 소리가 들렸다. 곧이어 조금 전 다녀간 노인이 상기된 얼굴로 문을 박차고 들어왔다.

"야, 이 도둑놈아!"

나는 당황했다. 그리고 화가 났다. 하지만 마음을 가라앉히고 대체 뭣 때문에 그러는지 이유를 물었다. 노인의 얘기는 이랬다. 본인의 아내도 고혈압으로 다른 의사에게 약을 받고 있다, 보통 3개월치 처방을 받는데 약값은 5,000원 정도다, 그런데 왜 자기한테는 1만 5,000원이나 되는 약을 처방했느냐, 그래서 화가 나 이렇게 뛰어왔다는 것이었다.

나는 노인의 부인이 무슨 약을 처방받았는지 확인했다. 예상대로 개발된 지 오래된, 저가 약이었다.

"제가 어르신께 처방해드린 약은 부인이 드시는 약하고는 다른 것입니다. 최근에 개발된 약인데, 효과는 좋고 부작용이 적어서 처방해드린 것입니다."

그래도 노인은 화를 거두지 않았다.

"싼 약도 잘 듣는데 왜 쓸데없이 비싼 약을 먹어야 합니까."

더 말해도 설득이 어렵겠다고 생각했다. 나는 결국 부인이 복용하는 것과 비슷한 약으로 다시 처방했고, 노인은 그때까지도 화를 삭이지 못해 투덜거리며 밖으로 나가셨다.

그로부터 3개월 후, 노인이 다시 내원했다. 측정한 혈압은 130/70mmHg. 약으로 인한 부작용도 호소하지 않았다.

"약 드신 후 혈압도 정상범위로 떨어졌고, 약물로 인한 부작용도 발생하지 않아 다행이네요."

내 말에 노인은 한결 편안해진 어조로 대답했다.

"그때는 화를 내서 미안해요. 하지만 내 말이 맞잖아요. 어쨌든 내 사정을 헤아려 줘서 고마워요."

> 잔뜩 화가 난 그 목소리가 나를 깨우쳤다
> 좋은 의사란,
> 환자의 경제 사정까지 헤아려야 한다는 것을

시중에서 팔리는 고혈압약은 등록된 것만 해도 수백 가지다. 가격도 한 알에 몇십 원에서 1,000원이 조금 넘는 것까지 다양하다. 약값은 언제 이 약이 개발되었는지, 약에 대한 특허권이 유지되고 있는지에 따라 결정된다. 예를 들어 싼 약은 개발된 지 오래돼 특허권이 만료된 경우다. 반면 비싼 약 대부분은 최근 개발된 신약으로 특허권이 남아 있어 그만큼 가격이 높다.

의사들은 전문의가 되기 위해 대학병원에서 3~4년, 혹은 그 이상 혹독한 수련과정을 거치며 특정 상황에서 신속한 결정을 내리고 치료하는 방법에 대해 훈련받는다. 그러나 처방한 약물과 치료의 비용 대비 효과에 대한 교육은 받지 않는다. 수련과정이 운영되는 대학병원에서는 치료뿐 아니라 연구도 주된 목적 중 하나이기 때문에, 아무래도 신약에 더 관심이 높고 처방도 많은 편이다. 이에 비해 개발된 지 오래된 약들은 이미 많은 연구가 되어있어 연구비를 받기도 어렵고 연구가치도 떨어지기 때문에 상대적으로 관심이 덜하다. 따라서 대학병원에서 수련을 마친 신참 의사들은 환자들에게 필요한 약물을 처방할 때, 자신들이 경험하고 익숙한 신약을 우선적으로 사용할 가능성이 높다.

물론 여기에는 제약회사의 영민한 마케팅도 작용할 것이다. 개발된 지 오래된 저가의 약들은 홍보나 판촉을 거의 하지 않지만, 막 개발된 신약은 엄청난 돈을 들여가며 마케팅에 나선다.

의사들이 아무리 어렵고 힘들다고 한들 절대적 빈곤까지 가는 경우는 거의 없다. 그러다 보니 환자의 형편에 대해서는 깊이 생각하지 않고, 그냥 자기의 경제적 기준에 맞춰 약을 처방하기도 한다. 3개월 약값이 3~4만 원이라면 의사 본인에겐 비싸지 않게 느껴지겠지만, 어떤 환자에겐 매우 부담스러운 금액일 수 있다.

어쨌든 그날 고혈압약 사건은 내게 큰 충격이었다. 그리고 이 충격은 의사가 환자들의 만성질환을 관리할 때 어떤 기준을 갖고 약물을 선택할 것인가에 대해 한 번 더 고민하게 하는 계기가 됐다. 실제로 이전 임상연구들을 보면 오래전 개발돼 상대적으로 값이 매우 싼 약도 신약과 유사하거나 동등한 정도의 효과를 보이며, 부작용 발생률에서도 큰 차이가 나지 않았다. 이러한 결과를 고려한다면 특별한 문제가 없는 환자의 경우 초기에는 싸고 경제적인 약을 우선적으로 사용하고, 약물로 인한 부작용을 겪거나 예상보다 효과가 낮은 상황에 한해 새로 개발된 비싼 약을 처방해도 문제없을 것이다.

그 사건 이후 나는 보통의 고혈압 환자들에겐 가능하면 경제적인 약을 우선 처방하려 하고 있다. 하지만 정신없이 환자를 접하다 보다 보면 종종 이런 원칙에서 멀리 떨어져 있는 나를 발견하곤 한다. 그럴 때마다 나는 기억을 되살리려 노력한다. 잔뜩 화가 나 있던 노인의 그 목소리를 말이다.

의사도 환자에게 배운다,
씩씩한 그 환자는 깜짝 놀랄 재활법을
혼자서 찾아냈다

양은주 암재활의학과 전문의

오늘은 오전과 오후 진료가 연달아 있는 날. 체력이 달려서인지, 외래 시간이 자꾸 지연되곤 한다. 나름 환자를 열심히 보기 때문이라고 변명하지만, 점심시간까지 연장되면 외래 사원들이 고생이다.

외래환자는 크게 두 부류다. 초진 그리고 재진. 병원 경영 측면에선 초진 비율을 높이는 것이 중요하겠지만, 높은 초진 비율은 외래 지연 요소가 된다. 아무리 빨리 진료해도 10분 이상은 소요된다. 사실 그 시간도 짧다. 본인의 증상 몇 마디로 문제를 파악하고 앞으로 어떻게 살아갈지 계획까지 진행하기엔 역부족이다. 그래서 시간 배분이 중요하다. 몇 달 혹은 1년 단위로 정기검진처럼 증상 관리를 잘 하고 있는지 확인하러 오는 환자를 위한 시간을 효율적으로 써야 한다.

"그동안 잘 지내셨어요?"

작년 이맘때 같은 인사를 하며 외래 진료실에 찾아왔던 림프부종 여성 환자다. 사실 그는 환자라고 부르기엔 적절하지 않다. 지난 치료 기간 내내 아무도 모르게 썼던 가발과 모자도 이젠 쓰진 않았다. 얼굴도 더이상 붓지 않고 손끝 발끝 저림 때문에 느릿느릿 걷지 않아도 된다. 비 내리는 아침이면 갑자기 쿡쿡 쑤셔 오는 가슴 통증도 스스로 예측할 수 있다. "이젠 졸업하셔도 될 것 같아요!" 하며 웃었던 기억이 어렴풋이 난다. 특별히 어디 아파 보이지도 않고, 본인의 증상을 이야기하기 위해 서두르는 기색도 전혀 없다.

"전 요즘 압박 스타킹도 잘 안 해요. 약 별로 안 먹어도 이제 팔이 붓지 않더라고요."

자신감이 넘치는 목소리다. 설마 그럴 리가? 관리를 제대로 하고 압박도 꼭 해야 하고, 약도 꾸준히 먹는 것이 필요하다고 지난번 열심히 설명했는데 지키지 않았단 말인가.

"대신 매일 운동해요. 운동을 하면 팔이 많이 가벼워져요."

"정말요? 어떤 운동을 하셨는데요?"

다른 환자들에게도 전해주면 좋겠다고 하면서 그는 팔을 걷어붙인다. 침대 위에 올라서서 천장에 양손을 붙이고 몸통을 회전시킨다. 옷 좀 더러워져도 괜찮다고 씩 웃으면서 외래 진료실 바닥에 엎드린 채 그 자세로 하는 동작들을 보여준다.

대체 어떻게 알았을까. 산소 소모량을 증가시키지 않아 혈류량 과부하를 막고, 적절한 주변 근육 수축을 통해 간접적인 림프관 내 흡수를 촉진하는, 이론적으로 충분히 근거가 있는 적절한 동작이다. 볼수록 신기하다.

기존의 동영상이나 환자 교육 자료에는 아직 효과 기전에 대해 설명할 수 없는 다양한 동작들이 섞여 있어 아쉬웠다. 좀 더 효과적인 동작을 찾고 싶었다. 책을 읽어보고, 논문을 찾아보고, 최근 연구 결과들을 모아 재해석하며 무언가 멋진 프로그램을 개발하려고 했지만 환자가 보여준 지금 이 동작들이 훨씬 훌륭했다.

"이렇게 해보니 팔이 가벼워지더라고요."

그는 고통을 참으면서 몸에 좋다고 알려진 운동을 강행하기보다 신체가 보내는 신호에 대한 감수성에 반응했다. 일본 학자 우치다 다츠루가《소통하는 신체》라는 책에서 묘사한 '자신의 신체에 경의를 표하기'를 이 환자는 몸소 실천하고 있었던 것이다.

"잠시만요. 녹화 좀 해도 될까요?"

그의 동의를 구한 뒤 휴대폰 비디오를 켰다. 몇 가지 동작들을 녹화하니 든든해진다. 다른 환자들에게도 도움이 되면 좋겠다며 씩 웃던 그는, 내년에 새로운 동작들도 시도해 본 후 전해주러 오겠다는 약속을 남기며 돌아갔다. 그는 이제 환자가 아니라 '부종과 함께 살아가기'를 보여준 선생이었다. 나는 보물창고에 이야기한 보따리를 더 쌓아둔 부자가 된 듯했다. 비슷한 수술과 치료를 받았고, 비슷한 증상을 호소하는 사람을 찾아 전해주고 싶었다. 얼마나 좋겠는가. 환자 입장에 서서 그에게 진정 유용한 것을 전할 수 있는 훌륭한 의사가 된 듯, 나는 기뻤다.

"나는 여기에서,
당신의 목소리에 귀기울이고 있답니다."

뒤이어 들어온 30대 여성 역시 림프부종 환자였다. 환자에게 얼른 인정받고 싶었던 것 같다. 나는 방금 나간 환자가 전해주고 간 동작을 찍은 동영상과 근거가 될 만한 이론을 상세히 설명해주고는 그의 반응을 기다렸다. 고맙다거나 자신도 한번 시도해보겠다는 대답이 나올 거라고 예상했지만, 웬걸!

"전 그 동작보다는 이게 더 좋던데요?" 손등이 자주 부어서 많은 시간 손장갑과 붕대를 감고 지내야 했던 그는 손등을 털어주고 가볍게 주먹을 쥐었다 폈다 하는 움직임이 더 좋다고 대꾸했다. '과학자들은 늘 세상이 단순한 것이라고 믿으려 한다. 하지만 그 기대는 어긋나기 마련이다.'라는 그레고리 베이트슨의 말처럼 내 기대 역시 어긋나고야 말았다.

마음이 조급해졌다. 방금까지 정리한 이론으로는 이 모델이 가장 좋은데! 지금 이 환자는 내가 설명한 동작을 제대로 이해하지 못했을 수도 있다. 제대로 가르쳐 주고 싶은 마음이 간절했다.

"아, 그래요?"

그런데 가만히 들여다보니, 손등이 붓는 환자와 겨드랑이 몸통이 붓는 환자는 림프부종이라는 진단명만 같을 뿐, 손상된 림프관과 보상하는 기전은 완전히 다르다. 그러니까 두 사람은 같은 동작으로 같은 효과를 가져올 수 없는, 엄연히 다른 환자였다. 하마터면 그를 방금 손에 쥔 나의 잣대로 판단할 뻔했다.

잘난 척하며 무언가 가르쳐주려던 시도를 거기서 멈췄다. 환자 스스로 몸이 건네는 신호를 들을 수 있도록, 환자가 전하는 그 이야기를 세밀히 들을 수 있는 자세로 나는 기다리기로 했다. '나는 여기에 있고, 당신의 목소리에 귀를 기울이고 있습니다.' 이 말을 속으로 곱씹으면서….

PART 3

결과로만 모든 걸 판단한다면,
이 냉혹한 세상에서 실패할 일밖에 없는
우리들 대부분은 지워진 삶이 되고 말 것이다.
자기 생명을 담보로 한 생명을 지키려 했던
그의 실패는 세상을 보는 내 시각을 통째로
바꾸어 놓았다.

총상 소년, 화상 소녀…,
아프리카 아이들은 울지 않는다

김영웅 흉부외과 전문의 · 국경없는의사회 활동가 · 강남세브란스병원 흉부외과 교수

2021년 나는 수단과 남수단의 국경이 맞닿은 아곡Agok의 병원에서 '국경없는의사회'의 외과의로 활동했다. 나는 흉부외과 전문의지만, 병원이라고 부를 수 있는 시설은 국경없는의사회밖에 없는 이곳에서 전공은 큰 의미가 없다. 나는 총상 자상 등의 외상 환자, 복막염 등 응급 환자, 제왕절개가 필요한 산부인과 환자 등 각종 외과적 질환이 있는 환자들을 모두 진료하고 수술했다.

손에 총을 맞은 한 남자아이가 있었다. 열 살쯤 되었을까. 아이는 들판에서 소를 지키려다 다쳤다. 소는 남수단에서 가장 중요한 재산이자 화폐 대용이다. 전반적 생활 환경이 열악한 이곳에서

사람들은 다른 마을의 소를 빼앗기도 하고, 그 과정에서 총기 사고가 발생하기도 한다. 때문에 항상 누군가는 소를 지켜야 한다. 보통 어른들이 낮에 다른 일을 하는 동안 소를 지키는 건 아이들의 몫인데, 하필 그때 다른 부족에서 총을 들고 습격했다. 아이는 가족을 대표해 전 재산이나 다름없는 소 몇 마리를 지키려다 손에 총상을 입었다.

아이는 겁 없이 두 팔을 벌려 총구를 막으려 나섰다고 한다. 총알이 손을 뚫고 지나가며 뼈를 부러뜨렸고 피부와 근육을 찢었다. 나는 응급 수술을 시행해 파편을 제거하면서 여러 조직들을 최대한 복원하려 시도했지만 엄지손가락은 끝내 살리지 못했다.

처음 응급실에 도착했을 때부터 치료 과정 내내 아이는 신음 한 번 내지 않았다. 어른도 참기 힘든 고통이었을 텐데, 그 어린 친구가 이를 악물고 통증을 견뎌냈다. 용감함이라고 해야 할까, 책임감이라고 해야 할까. 한창 응석을 부릴 나이인데, 이곳 아이들이 너무 일찍 철이 드는 것 같아 마음이 아렸다. 이곳에서 소 한 마리의 가격은 20만 원 남짓이다. 그걸 지키기 위해 아이는 총구 앞에 서야 했던 것이다.

잊을 수 없는 두 번째 아이는 화상 환자였다. 이곳 여성들은 흔히 생애 동안 10명이 넘는 자녀를 출산한다. 양육 과정에서 아이들은 어쩔 수 없이 부모로부터 방치되기 일쑤다. 모든 가사를 떠맡아야 하는 엄마는 여러 아이를 꼼꼼하게 돌볼 틈이 없다. 그러다 보니 아이들은 이런저런 위험에 노출된다. 집에는 조리를 위한 모닥불, 숯불, 화덕이 마당마다 있는데, 아이들은 위험한 불가에서 뛰어놀다 불 속으로 넘어지기도 하고, 더 어린 꼬마들은 겁 없이 다가가 불을 손으로 만지기도 한다.

두 살 동생이 불 속으로 넘어지자 다섯 살 누나는 주저 없이 불 한가운데로 뛰어들었다. 그리고 고사리 같은 두 손으로 동생을 구해냈다. 그러나 동생보다 누나의 화상이 더 심했다. 양손과 배, 등, 허벅지까지 전신 화상으로 두 달 넘도록 치료를 받았고 결국 피부를 이식해야만 했다.

누나의 이름은 아촐 촐이었다. 환부를 열고 드레싱을 하는 건 환자에겐 엄청난 고통이다. 하지만 아이는 이토록 고통스런 치료 과정을 용감하게 버텨냈다. 항상 환하게 웃으며 의료진을 반겨주던, 대견하고 멋지고 용감한 아이였다. 응급실이나 수술실에서 환자를 잃어 마음이 흔들리는 날이면 나는 아촐 촐을 보며 마음을 다잡았다. 아촐은 다행히 결과가 좋아 잘 회복한 후 퇴원했다.

남수단 아곡은 가난과 분쟁, 질병이 끊이지 않는 곳이었다. 환자는 많고 중증도가 높은데, 의료 인력은 턱없이 부족했다. 전문적 치료가 필요한 환자가 갈 곳은 오직 국경없는의사회 병원뿐이었다. 하지만 마땅한 교통수단이 없기에 아픈 몸을 이끌고 며칠을 걸어와야 하는 상황이 흔했다. 홍수 때문에 길이라도 끊기면 접근성은 더 나빠진다.

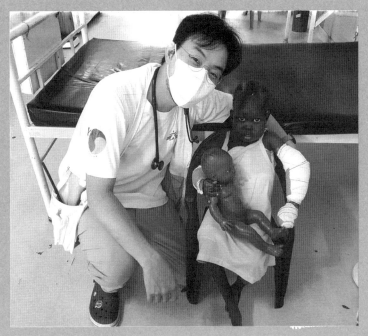

동생을 구하다가 전신 화상을 입은 다섯 살 아촐 촐과 함께.
너무 일찍 철이 든 아촐은 고통스러운 치료 과정을 묵묵히 버텨냈다

이곳 환자들은 내가 치료하지 않는다면 그 누구에게도 치료 한 번 받지 못한 채 병증이 악화할 수밖에 없는 처지였다. 말 그대로 머리부터 발끝까지 모든 곳을 수술해야만 했다. 여기로 떠나오기 전, 미리 현지 상황을 파악하고 외과, 산부인과, 정형외과와 성형외과를 포함한 여러 과의 기본 술기를 익히고 떠난 것이 큰 도움이 됐다. 하루 10건을 수술해야 하는 숨 가쁜 나날이었지만, 내가 아곡에서 하루하루 쏟아부은 그 시간은 분명히 누군가의 '내일'이 되었다고 믿는다.

봄 되면 같이 오겠다던 70대 노부부, 하지만…, 아내 혼자였다

권해진 한의사 · 래소한의원장 · 《우리동네 한의사》 저자

동네 작은 한의원에서는 여러 분야의 환자를 봅니다. 발목을 살짝 삐끗한 청소년부터, 늘 아프지만 침과 물리치료를 받으면 하루 이틀은 지내기 편하다는 어르신까지 다양한 환자가 찾아옵니다. 응급환자가 거의 없으니 어쩌다 다쳤는지, 무슨 일을 하는지, 가족관계는 어떤지, 병 이야기부터 사소한 개인사까지 대화가 끝이 없습니다.

70대 노부부가 한의원에 처음 오신 건 7~8년 전이었습니다. 예전부터 한의원을 자주 다녔는데, 이번에 이 동네로 이사를 오게 되어 앞으로 일주일에 두어 번 정도 허리치료를 받고 싶다고 하시

그군요. 남편은 키가 컸고, 아내는 아담한 키에 온화한 인상이었습니다. 한눈에 봐도 참 편안하고 사이좋은 부부라는 걸 알 수 있었죠. 치료실 침대에서도 두 분은 바로 옆자리에 누워 치료받기를 원할 정도였습니다.

남편은 60대에 뇌졸중을 겪으셨답니다. 덩치 큰 자신을 간호하느라 아내가 많이 고생했는데, 지극한 정성 덕에 이제 후유증은 거의 없다고 하시더군요. 하지만 날이 추워지면 풍이 지나갔던 한쪽 다리에 힘이 없어져 걸어 다니다 몇 번 넘어진 적이 있었고, 그래서 지금은 지팡이를 사용하신다고 했습니다.

"의사가 지팡이를 꼭 짚으라고 했는데 늙은이처럼 보이는 게 싫어서 대신 우산을 짚고 다녔어요. 그런데 몇 번 넘어지니까 도저히 안 되겠더라구. 지금은 지팡이를 쓰는데 영 거추장스러워요. 원장님이 나 지팡이 안 쓰고 걸을 수 있도록 좀 해줘요."

"아버님, 중절모 쓰고 지팡이 짚으시니까 멋진 신사 같으세요. 제가 최선은 다하겠지만, 지팡이 너무 싫어하지는 마세요."

부인은 허리치료를 원하셨습니다. 그런데 치료실에서 보니 허리 척추를 따라 큰 수술을 한 흔적이 있었습니다. 언제 어떤 수술을 했는지 여쭤봤습니다.

"한 10년쯤 됐지. 병원에서 4, 5, 6번(요추)을 한꺼번에 묶었다고 했어요. 지금 허리 아픈 건 그 수술과는 상관없고, 그냥 나이가 들어서 아픈 거예요."

허리에 침 치료를 하고, 물리치료도 하고, 뜨끈하게 찜질까지

해드렸습니다. 남편은 코까지 골면서 주무셨는데, 부인은 저랑 이야기하고 싶어 하셨습니다.

"저 양반 풍으로 쓰러졌을 때 내가 간호하다가 디스크가 터졌어요. 그때는 저 사람이 팔다리 못 쓰게 될까 봐 나 아픈 거는 아예 신경 쓸 겨를도 없었지. 그러다 나중에 수술을 받았는데, 저 양반이 자기 때문에 내 허리가 이렇게 됐다고 너무 미안하게 생각해요. 허리 수술을 받고 내 병 수발은 저 양반이 다 했어요."

그 후로 몇 년간 꾸준히, 그리고 항상 사이좋은 모습으로 두 분은 한의원에 오셨습니다. 그러던 어느 날이었습니다.

"다음 주에 병원 검진이 있어서 한 2주 정도 못 올 것 같아요."

"두 분 모두 검진이세요?"

"입원해서 하는 검사라 같이 하고 나오려고요."

그런데 검진을 통해 남편 복부에서 종양이 발견됐다고 했습니다. 수술 앞두고 그분은 한의원에 오셨습니다.

"원장님, 내가 이번에 수술하러 들어가면 어쩌면 마지막일 것 같아요. 나 없어도 집사람 허리 안 아프게 잘 봐줘요."

"그런 말씀 마세요. 걱정하지 마시고 수술 잘 받으신 후 건강하게 저 보러 다시 오세요."

그렇게 인사는 했지만 사실 마음이 편치는 않았습니다. 80을 앞둔 연세에 개복수술을 한다는 건 분명 부담이기 때문입니다.

그리고 얼마 후 부인이 찾아오셨습니다. 남편 수술은 잘됐는데 후유증이 좀 있어서 한의원에 한동안 못 올 거라고 하더군요. 대신 본인 허리에 통증이 심하다고 하셨습니다. 아들이랑 번갈아 가며 입원한 남편을 돌보는데 병실 간이침대가 좁아서 허리가 너무 아프다고요. 그렇다고 수술한 남편을 자식이나 간병인 손에 다 맡기고 싶지는 않고, 여력이 닿는 한 본인이 하고 싶다고 하셨습니다. 그 연세에 병 수발하는 게 얼마나 힘드실까, 말 안 해도 알 수 있었습니다.

또 3개월이 흘렀습니다. 지난겨울이었습니다. 모처럼 두 분이 함께 오셨습니다.

"내가 잘 회복되어서 우리 원장님하고 간호사 선생님 얼굴이나 보러 들렀어요. 이제 겨울이니까 외출하기가 좀 조심스럽고, 봄 되면 꼭 걸어와서 예전처럼 침도 맞고 물리치료도 받을게요."

함께 늙고, 함께 아프고,
우리 생의 겨울이 조금은 덜 쓸쓸하기를…,

모든 게 부자유스럽고 답답했던 코로나의 겨울이 지나고, 봄이 왔습니다. 부인 혼자 한의원에 오셨습니다.

"아버님은 좀 어떠세요. 아직은 걸어오시기가 좀 힘드시죠. 그래도 수술 회복은 다 되신 거죠? 식사는 잘 하시고요?"

반가운 마음에 쉴 새 없이 여쭤봤습니다. 마스크를 쓰지 않았더라면 그분 표정을 보고 짐작은 했을 텐데 말이죠.

"원장님, 실은 어제가 그이 49재였어요. 남편이 그렇게 가고 나니 아무것도 하기 싫어서 겨우내 집에만 있다가 이제야 왔네요."

남편은 평소 심장질환을 갖고 있었는데 암 수술은 잘 됐지만 기력이 많이 떨어졌고, 그 때문인지 지난 1월 심장마비로 갑자기 돌아가셨다고 합니다. 무슨 말을 해야 할지 난감습니다. 한동안 침묵이 흐르고 나는 겨우 입을 열었습니다.

"아버님이 하늘에서 '또 나 때문에 저런다' 하며 미안해하실 거예요. 어머니 꼭 힘내세요."

함께 해偕 늙을 로老. 오랜 세월 두 분을 보면서 나는 '이런 게 해로구나'라고 생각해왔습니다. 함께 늙고, 함께 아프고, 내 몸이 아파도 배우자부터 챙기고 보듬는 것. 하지만 영원히 그럴 수는 없겠죠. 그게 삶일 테고요.

인생에서 노년은 겨울입니다. 여름 같은 젊은 날 서로 만나, 화려한 가을에 가족을 이루고, 쓸쓸한 겨울이 되면 부부만 남거나, 또는 혼자가 됩니다. 젊고 화려한 날보다 아프고 안쓰러운 날들이 더 길 수도 있습니다.

요즘도 부인은 가끔 한의원에 오십니다. 내색은 안 하시지만 많이 허전한 것 같더군요. 그때마다 항상 남편과 함께 오시던 모습이 자꾸 떠오릅니다. 좀 더 해로하셨으면 좋았을 텐데. 참 아름다운 부부였습니다.

간경화 말기 완월동 그녀,
술만이 유일한 위안이었던가

양성관 가정의학과 전문의 · 의정부백병원 진료과장 ·《너의 아픔이 나의 슬픔》저자

응급실을 한 번이라도 돈 인턴이라면 홍순자(가명) 씨를 알고 있었다. 간경화를 앓고 있던 그녀는 복수를 빼러 일주일에 한두 번은 꼭 응급실에 왔는데, 꼭 자주 와서만은 아니었다. 멀리서도 눈에 확 들어오는 외모와 독특한 말투, 거기에 체취까지. 모든 게 한 번 보면 잊을 수 없는 모습이었다. 10년이 지났지만, 나는 아직도 그녀를 또렷하게 기억한다.

"선생님, 나 좀 살려줘, 나 죽겠어."

50대 초반의 그녀는 응급실에 들어오자마자 흰 가운을 입은 사람이면 아무나 잡고 늘어졌다. 키는 150㎝가 겨우 넘을까, 얼굴과 몸은 늘 부어있었다.

눈과 입 모두 크고 뚜렷했다. 젊을 때는 선 굵은 미인이었을 것 같다. 지금은 과한 화장 때문에 눈과 입이 훨씬 도드라져 보였다. 분칠한 얼굴은 새하얬고, 문신한 눈썹은 검었고, 립스틱을 칠한 두꺼운 입술은 새빨갰다. 그녀의 몸에선 항상 진한 화장품 냄새가 났다. 그녀는 십수 번이나 배가 불러 숨이 찬 상태로 응급실로 왔지만, 단 한 번도 화장을 하지 않은 채로 온 적이 없었다. 의사들 중 누구도 그녀의 맨 얼굴을 본 사람은 없었다.

특별히 그날, 그녀는 자신의 성과 같은 레드 코트로 몸을 감싸고 왔다. 붉은 립스틱이 눈을 찌르고, 짙은 화장품 냄새가 코를 쏘았다.

"홍순자 님, 어디가 불편해서 오셨어요?"

"선생님, 나 좀 살려줘. 배가 불러 죽겠어. 숨도 차고."

그녀는 아이처럼 내 가운에 매달렸지만, 솔직히 나는 살릴 수 없었다. 그녀를 살릴 수 있는 건 의사가 아니라, 정상적인 간뿐이었다. 하지만 그에게 간을 이식해줄 가족이나 친지, 친구가 있을 것 같지는 않았다. 병원에 올 때 그녀는 늘 혼자였다.

인턴인 나는 내과 전공의에게 전화를 했다. 내과 2년차 전공의도 홍순자 씨를 알고 있었다.

"아, 그 환자? 피 검사하고 복수 천자(복수 빼내는 작업) 준비해 주세요."

전공의는 대수롭지 않게 말했다. 나는 수처 세트Suture set와 18

게이지 주사기, 복수를 받을 빈 생리식염수통 외에 반창고 등 천자에 필요한 물품을 준비했다.

"자, 많이 해 보셨죠? 배 올리세요."

화장으로 얼굴은 가릴 수 있었지만, 배는 감출 수 없었다. 물풍선처럼 부풀어 언제라도 터질 것 같은 배에, 말라비틀어진 팔다리가 앙상하게 붙어 있었다. 하얗고 붉고 검은 얼굴과 다르게 몸은 간경화 말기 환자 특유의 황달색을 띄고 있었다. 간으로 들어가지 못한 피가 군데군데 배를 뚫고 나왔다. 말투와 진한 화장, 그리고 알코올성 간경화. 그녀는 자기 직업을 한 번도 말한 적이 없었지만, 무슨 일을 하는지 응급실 사람들은 다 알고 있었다.

술 때문에 이렇게 아프지만
술만이 외로움을 달래주는 유일한 벗이었으리라

내가 일하던 부산대학교 병원은 하늘에서 내려온 말이 뛰어놀 정도로 아름답다는 천마산의 북쪽 끄트머리에 자리 잡고 있었다. 서쪽에는 요즘 관광지로 각광받는 감천문화마을이, 동쪽에는 완월동이 있었다. 감천문화마을이 뜬 건 약 10년 전이었지만, 완월동은 부산대 병원보다 오랜 역사를 지니고 있었다. 완월동은 오랜 세월 '붉은 등'(홍등)이 꺼지지 않던 곳이다.

일제는 개항 이후부터 산재해있던 유곽들을 모아 녹정綠町(미도

리마치)이란 집창촌을 조성했다. 국내 첫 공창이었다. 해방 후에
도 미군들은 이곳을 녹정의 영어식 표현인 green street라고 불렀
다. 1970년대 등록된 이곳 성매매 여성은 1,250명, 미등록자들까
지 합치면 약 2,000명에 달했다. 주민 요구로 1982년 완월동에서
충무동으로 이름이 바뀌었고, 2004년 성매매 단속특별법 시행으
로 급속도로 쇠락했지만 여전히 많은 사람들 기억 속에 이곳은 완
월동으로 남아있다. 완월동은 정면으로 부산 바다와 영도를 마주
보았다. 검은 밤바다에 달빛이 내려앉는 광경을 보고 있자면 완월
玩月, 즉 달을 희롱하는 동네란 뜻이 더 실감 났다. 오랜 세월 이곳
에서 술 취한 남자들은 달 대신 여자를 희롱했다.

홍순자 씨는 말하지 않았고 누가 묻지도 않았지만, 그녀가 어
떻게 살아왔을지는 짐작이 갔다. 완월동에 꽤 오랜 세월 있었을
수도 있고, 아니면 흘러흘러 이곳까지 왔을 수도 있다. 술 때문에
이렇게 몸이 상했지만 그래도 유일한 벗이 술 아니었을까. 술은
그의 망가진 몸을 따뜻하게 해주고, 휑한 마음도 데워 주었을 것
이다. 술이 아니라 눈물이었을지도 모른다.

부푼 그의 배에서 나온 복수가 커다란 페트병 두 개를 가득 채
웠다.

"아휴, 이제 좀 살 것 같네." 복수 천자가 끝나고, 자신의 간이
만들어 내지 못하는 알부민이 든 작은 링거를 하나 맞으며 그녀는
말했다. "다음에 또 봐요."

다음에 또 볼 수 있을까. 그의 상태로 봤을 때 오늘이 마지막일 수도 있다. 그런 내 생각을 아는지 모르는지, 수액을 다 맞은 그녀는 휘청휘청 걸어나갔다. 붉은 응급실 문이 열리자, 바다의 짠내와 찬바람이 넘실대며 병원 안으로 휙 들어왔다. 그녀는 검은 밤바다 쪽으로 사라졌다.

나는 마음속으로 기도했다. '그래요. 다음에 꼭 봐요.'

응급실 인턴이 끝나고, 나는 더 이상 그녀를 볼 수 없었다. 10년이 흘렀고 나는 부산을 떠나 서울로 왔다. 그는 지금 살아있을까. 간이식을 받았다면 모를까, 그에겐 그것도 쉽지 않았을 텐데. 살아있다면 다행이련만, 만약 세상을 떠났다면 가는 길에 누가 배웅이라도 했을지, 그렇게 좋아하던 술 한 잔이라도 뿌려줬을지. 문득문득 그녀가 아프게 떠오른다.

그의 저장강박증 뒤엔
친구 잃은 대구지하철 참사의
아픔이···,

신재현 정신건강의학과 전문의 · 강남푸른정신건강의학과의원 내표원상

사례 1. A씨는 저장강박증 환자였다. 사소한 물건에도 온갖 의미를 부여하면서 버리지 않고 방안에 쌓아 놓아야만 안심이 되었다. 그의 방은 발 디딜 틈 없이 온갖 잡동사니로 꽉 차 있었고, 악취마저 진동했다.

그는 상담 중 힘겹게 2003년 대구 지하철 화재 참사 이야기를 꺼냈다. 당시 그는 단짝 친구와 함께 대구 시내의 한 영어학원을 다니고 있었다. 그날도 여느 때와 다름없이 학원에 먼저 도착해 친구를 기다리고 있었는데, 끔찍한 화재가 일어났다는 뉴스가 떴다. 설마 하며 문자메시지를 보냈지만, 친구는 답이 없었다. 친구는 바로 그 사고 지하철에 타고 있었다.

사건의 충격이 온 나라를 뒤덮었다. 그는 단짝의 사망 소식에 여러 날을 오열했다. 많은 이들이 A씨에게 심경은 어떤지, 과거 친구와 어떤 이야기를 나눴는지 등을 물었다. 그는 도저히 말할 수 없었다. 자기 혼자 살아남은 데 대한 죄책감으로 숨이 막혔지만 그런 심경을 털어놓는 것 자체가 친구에게 또 다른 죄를 짓는 일이라 생각했다.

그때부터 A씨는 친구의 추억이 서린 모든 것들을 영원히 간직해야 한다는 생각이 들었다고 한다. 친구와 대화를 나눈 휴대전화, 학원 교재, 친구가 준 생일선물 같은 것들을 방 한쪽에 모아 놓기 시작했다. 시간이 흐를수록 모으는 행동은 점점 더 심해졌다. 자신을 스치는 모든 것에 의미를 부여했고, 무언가를 버리는 행위 자체를 불안하게 여겼다. 참사가 남긴 상처가 저장강박증이라는 형태로 그의 삶에 스며든 것이다.

사례 2. 심한 불안과 불면으로 고생하던 여성 교사 B씨가 진료실을 찾았다. 자신이 담당하던 반 아이가 교실에서 넘어져 얼굴에 큰 상처가 났고, "학교 측 관리 소홀이 아니냐."는 아이 부모의 항의로 고초를 겪던 터였다.

하지만 그를 더욱 힘들게 했던 건 '불의의 사고'라는 맥락이었다. 2014년 세월호 참사, 그때 떠난 아이들 중 몇 명은 B씨가 중학교 근무 시절 담임을 맡은 제자들이었다. B씨는 사고 당시 엄청난 충격을 받았다. 다만 시간이 지나면 슬픔도 지워질 거라 생각했다. B씨는 이미 그 지역에서 멀리 떨어진 곳으로 근무지를 옮긴 상태였다. 바쁜 일상 속에서 기억은 조금씩 옅어져 수면 아래로 가라앉은 듯했다.

하지만 최근의 사건은 2014년의 고통을 다시 떠올리게 했다. 그는 작은 일로도 걱정과 염려로 밤을 지새우는 일이 잦아졌다. '또 누가 다치는 건 아닐까' 하는 생각이 머릿속을 어지럽혔고 쉽게 과민해졌다. 격렬한 슬픔과 두려움이 '불의의 사고'를 매개로 다시 의식의 수면 위로 올라온 탓이었다. 마음의 상처가 아물었다고 착각했지만, 실은 깊이 곪은 채 낫지 않았던 거다.

이렇듯 자신이 겪은 충격적 사건은 오랜 시간이 지난 후에도 뜻하지 않은 순간, 격한 두려움과 슬픔의 형태로 다시 나타난다. 심리적 트라우마가 되어 마음 깊이 새겨져 있기 때문이다. 트라우마를 겪은 뇌는 언어를 담당하는 '브로카 영역Broca's area' 주변부의 혈류가 급격하게 저하된다고 알려져 있다. 심한 충격을 받은 이들이 말문을 잃은 채 고통스러워하고, 한동안 대화가 어려워지는 건 이런 이유 때문이다.

감정의 억압으로 인해 여러 문제가 나타나기도 한다. 안타깝게도 A와 B 두 환자 모두 자신의 상처를 온전히 말할 기회가 없었다. 아마도 뇌의 일부가 '얼어붙어' 차마 이야기할 수 없었을지도 모른다. 그렇게 남은 상처의 기억은 그들 삶의 꽤 많은 영역을 차지하게 됐다.

트라우마를 치유하려면 밖으로 이야기해야 한다. 내 마음을 충분히 말할 수 있는 상대에게, 따뜻하고 부드러운 분위기 속에서, 마음 깊은 곳에 숨겨둔 이야기를 끄집어내면 그것만으로도 상처 묻은 아픈 감정들이 털려 나간다.

두 환자 모두 마음에 숨겨온 상처를 이야기하는 과정이 쉽지 않았다. 그 기억을 발화發話하는 행위 자체가 두려웠기 때문이리라. 하지만 먼지 묻은 기억을 힘겹게 꺼내자, 비로소 그들 삶은 회복 탄력성의 회로가 돌아가기 시작했다.

'잊어버리라'는 말
상처받은 이들을 더 힘겹게 하는 그 말들

두 환자를 만나며 마음의 상처, 그리고 그 상처의 치유를 대하는 우리 사회의 태도를 함께 생각했다. 우리는 마음의 상처가 바쁜 일상에 떠밀려 잔잔해지면, 본래 삶의 궤도로 쉽사리 돌아갈 거라 믿는다. 그러니 상처에만 머물러 있지 말고, 거기서 어서 벗어나라 재촉한다. 마음의 상처를 부둥켜안고 있는 이들을 좋지 않은 시선으로 보거나 '나약하다'고 폄하하고, 때로 조롱한다. 상처를 입은 이에게 '잊어버리라'는 말을 너무 쉽게 건넨다.

그러나 두 환자처럼 충분히 이야기하지 못한 상처는 아주 작은 단서에도 사건 당시의 충격을 고스란히 재현시킨다. 마음 안에서 반복 재생되는 기억은 겪어보지 않은 이들에겐 상상할 수 없는 끔찍한 공포일 수 있다. 그렇기에 우리 공동체는 상처받은 이들에게 그 기억과 마음을 충분히 이야기하고, 얼어붙은 뇌가 회복할 기회와 시간을 주어야 한다.

트라우마는 없어지지 않지만, 우리가 함께 나눈 따뜻한 대화를 통해 상처가 된 기억에 대한 의미가 바뀌고, 또 삶에 통합될 수 있다. 마음의 상처는 그렇게 치유되는 것이다.

외할머니의 고통을 놓친
'주치의' 손주는 펑펑 울었다

노경한 정형외과 전문의 · 강남본정형외과 대표원장

외할머니가 입원하셨다. 동생을 출산한 뒤 몸이 좋지 않았던 어머니를 대신해 나를 정성으로 길러 주신 한없이 고마운 분. 공부가 많고 바쁘다는 핑계로 자주 뵙지도 못했는데, 이젠 환자가 되어 의사로 성장한 손주와 병원에서 마주하게 되었다.

몸집이 작았던 할머니는 힘든 수술을 받아 컨디션이 좋지 않았고 약 기운에 늘 졸고 있었다. 그럼에도 주치의가 된 손자가 찾아갈 때면 박수를 치며, "아이구 내 새끼! 아이구 내 새끼!" 하고 반겼다. 그럴 때마다 병실에 있던 다른 환자나 보호자, 간병인들의 시선은 내게 쏠렸다. 나는 그게 괜히 부끄럽고 싫었다. 커튼을 치고 할머니에게 여기서 그렇게 부르면 안 된다고 단호하게 말했다.

돌아보면 참 까칠했던 시절이다. 의대 졸업 후 첫발을 내디딘 병원에서 내 신분은 의사라기보다 교육생에 가까웠다. 교수님과 선배 의사, 간호사를 비롯한 다양한 직업군의 동료들, 그리고 환자와 보호자와 간병인 등 많은 사람들과 생활하면서 내 위치는 모자란 실력만큼이나 보잘것없게 느껴졌다. 온종일 울려대는 전화기와 나를 기다리는 수술방, 응급실, 병동, 그리고 수많은 환자와 보호자 속에서 나는 항상 날이 서 있었다. 착하고 친절하게 굴수록 내 일이 많아지는 것 같았고, 일부러 까칠하게 행동해야 내가 좀 편해질 것이라고 착각하고 있었다.

얼마 후 할머니는 퇴원해서 요양원으로 갔다. 하지만 거기서 넘어지는 바람에 반대편 대퇴골 골절로 다시 입원하게 됐다. 첫 수술하고 2년이 지나 또 한번 수술을 해야 했다. 나는 이제 제법 후배도 생겼고, 병원 생활이 익숙한 중견 레지던트였다. 다행히 수술은 잘 마쳤지만 할머니의 상태는 더 나빠졌다. 하루 중 깨어있는 시간이 얼마 안 될 정도로 기력이 쇠했다. 가끔 내가 손자라는 사실조차 잊는 듯했다.

무척이나 더운 8월의 어느 날이었다. 전공의들이 돌아가면서 여름 휴가를 떠났다. 선배 레지던트가 회진을 준비하다 갑자기 놀란 기색으로 나를 불렀다. 며칠 지난 할머니의 엑스레이였다. 아뿔싸! 인공관절이 제자리에서 빠져 있었다. 할머니의 약해진 근육은 수술 후 더 늘어났고, 잠결에 몸을 뒤척이다가 그만 관절이 빠진 것이다. 항상 누워 있는 탓에 몸을 뒤척일 때면 아픈 표정을 지었는데, 나는 그냥 그러려니 넘겨버렸던 거다.

그럼에도 할머니는 회진 때면 항상 기특한 손자라며, 힘껏 팔을 들고 박수를 치고 내 이름을 불렀다. 휴가로 인력이 빠진 데다 다른 중증환자들을 챙기느라 미처 꼼꼼히 들여다보지 못한 탓이지만 그래도 그렇지, 남도 아니고 손주인 내가 할머니 엑스레이를 놓쳤다니. 나 자신이 원망스러웠다.

얼마나 아프셨을까?
할머니의 고통을
나는 왜 알아채지 못했을까?

곧장 병실로 달려갔다. 할머니는 그날도 비몽사몽 하시다가 달려온 내 얼굴을 보며 "오매, 내 새끼." 반갑게 팔을 들었다.

"할머니, 많이 아프지? 할머니, 근데⋯."

가쁜 숨을 몰아쉬며 이야기하는데, 왈칵 눈물이 났다. 그동안 얼마나 불편하고 아팠을까? 그렇게 좋아했던 할머니가 여기 계시는데, 난 왜 신경 쓰지 못했을까? 할머니는 별안간 눈물을 뚝뚝 흘리는 나를 보시더니 울지 말라고 눈물을 닦아주었다. 어긋난 인공관절을 넣기 위해 방사선실로 가는 내내 나는 할머니가 누워 있는 이동식 침대를 붙잡고 하염없이 눈물을 쏟았다.

그날 이후, 많은 것이 달라진 것 같다. 의사로서 대부분 지시만 했던 나는 이제 보호자가 되어 지시 아닌 부탁을 하게 됐고, 관계된 모든 분에게도 감사의 마음을 전했다. 그렇게 돌아다니다 보니 병원 공간이 새삼 다르게 보였다. 눈인사하고 대화하고 안부를 묻고 감사를 표현하자 그토록 힘들던 일이 그리 고되지만은 않았다. 한 사람의 의사이자 가족으로서 더불어 살아가는 소중한 가치를 알아가게 되었다. 할머니는 그렇게 내게 또 한 번 가르침을 주었다.

합병증으로 입원과 퇴원을 반복하던 할머니는 다시 요양병원으로 가셨다. 어느 추운 겨울, 일요일이었다. 송년회를 마치고 무척 피곤했지만, 그날따라 할머니가 보고 싶었다. 이른 새벽 할머니가 계신 요양병원으로 향했다.

누워만 있던 할머니의 몸은 나뭇가지처럼 말랐고, 틀니 없이 계속 물었던 윗입술에 굳은살이 박여 있었다. 따스한 햇살에 눈이 부신 건지 눈꺼풀을 들기도 힘들었던 건지, 할머니는 반쯤 감은 눈으로 창밖을 응시하고 있었다.

다가가 얼굴을 들이대며 부르자 할머니는 내 쪽으로 고개를 천천히 돌려 눈을 마주했다. 입술을 움직여 내는 소리는 알아듣기 힘들었고, 손주 얼굴을 만지려고 뻗은 두 손은 내 볼에 닿기에 턱없이 부족했다.

얼굴을 두 손으로 비비며 울음을 꾹 참고 고맙다고 사랑한다고 말씀드리는데, 할머니가 뭐라고 말하려는 것 같았다. 나는 할머니의 입술 가까이로 귀를 댔다. 작지만 또렷했다.

"잘… 컸… 다…. 잘… 컸… 다."

그리고 다음날 할머니는 우리 곁을 떠났다.

지금도 어르신들을 진료할 때면 문득문득 외할머니의 얼굴이 떠오른다. 무관심한 표정으로 말문을 열지 않아도, 귀가 안 들려 크게 소리쳐야 해도, 가끔 지쳐서 볼멘소리를 하셔도 나는 어르신들의 목소리에 귀를 기울인다. 그런 날이면 나는 할머니가 사무치게 그리워진다.

낙태를 거부한 그가
마지막 힘을 다해 쓴 두 글자는
'아기'였다

양창모 가정의학과 전문의 · 강원도 왕진의사

한쪽 폐로만 숨을 쉬는 40대 여성이 그나마 기능이 남아있는 폐에 폐렴이 생겨 병원에 왔다. 게다가 임신 상태였다. 남아있는 한쪽 폐마저 폐렴으로 망가지면 인공호흡기에 의존해 숨을 쉬어야 할 뿐만 아니라 생명 자체가 위험해질 수 있었다.

담당 내과 과장님은 그에게 아이가 있는지(이번이 두 번째 임신이라 했다), 지금의 임신은 계획된 것이었는지(우연히 가지게 된 것이라 했다) 묻고는 고심 끝에 중절을 권했다. '본인의 생명도 위험한 상황인데 임신을 계속하는 것은 무리'이고 '임신 중에는 쓸 수 있는 약도 제한되며 태아에 대한 안정성도 보장할 수 없어 아기가 어떻게 될지 알 수 없다'는 이유였다.

그는 눈물을 흘리며 정중히 과장님의 권유를 거절했다.

"제게는 일곱 살 난 아이가 있습니다. 아이에게는 미안한 얘기지만 그 아이도 애타게 기다려서 갖게 된 건 아니에요. 하지만 아이를 길러보니 정말 애가 있다는 게 그렇게 고마울 수가 없어요. 저에게는 지금 배 속의 생명도 마찬가지입니다. 어떻게 갖게 되었는가는 중요하지 않아요. 배 속 아기를 지우라는 것은 제겐 일곱 살 난 아이를 죽이라는 것과 똑같습니다. 의사 선생님 말씀은 잘 알겠고 또 의사로서 그렇게 권하시는 것을 이해하지만, 아기는 못 지우겠어요. 최대한 고려해서 약을 써 주세요. 그 이후의 일은 제가 감당하겠습니다."

병실 회진 후 밀린 일을 끝내고 전공의 숙소에서 자려고 누웠는데 그가 떠올랐다. 불 꺼진 숙소 껌껌한 천장에서 그의 눈물이 내 가슴 위로도 떨어졌다.

살아있다는 것은 무엇일까. 늘 생명을 다루는 게 일이면서도 나는 과연 생명에 대한 일말의 경외심이라도 갖고 있기는 한 걸까. 내게 있어 환자들은 나와 교감할 수 있는 살아있는 인간이라기보다, 내 어깨를 짓누르는 통증의 덩어리가 아니었을까. 한밤중 병동 콜로 내 단잠을 흔들어 깨우고, 자꾸만 징징거리며 해달라는 게 많은 피곤의 근원, 그런 것이 아니었을까.

그리고 한 달 후. 내과 과장님은 심초음파를 보다가 문득 생각났다는 듯 폐렴이 악화해 상급 병원으로 전원됐던 그의 죽음을 알려줬다. 잠시 침묵이 흘렀지만, 심초음파가 끝나고 뒤이은 오후 회진은 평소와 다름없었다. 학구적 문답과 가벼운 농담들이 몇 번 오간 후 회진은 끝났고, 나는 나머지 차트를 정리한 뒤 인턴 선생이 사 온 아이스크림을 간호사들과 나눠 먹으며 이런저런 잡담을 하다 일을 마쳤다.

모처럼 퇴근하는 길. 그가 생각났다. 그와 일곱 살 난 아이와 남편 그리고 배 속 아기, 떠나간 사람이 품고 갔을 아픔과 남겨진 사람이 겪게 될 슬픔, 가늠할 수 없는 것들을 막연히 가늠하면서 집으로 가는 길은 한없이 아득했다.

중환자실의 인공호흡기에 기대어 호흡하다가 상태가 점점 안 좋아져 상급 병원으로 가던 날, 수면 상태에서 잠깐 깨어날 때마다 그는 나에게 손짓을 했다. 기계 호흡기를 달고 있는 사람이 대개 그렇듯 고통스러워서 그런가 보다 짐작한 나는 하고 싶은 얘기를 써보라며 종이와 연필을 주었다.

그가 안간힘을 다해 연필로 쓴 글씨는 '아기'였다. 그는 죽음의 문턱까지 다가가 있는 순간에도 배 속 아기를 걱정하며 그 아기가 괜찮을지를 내게 물어온 것이다.

그는 결국 자신을 지키는 데도, 아기를 살리는 데도 실패했다. 결과만 가지고 판단하는 사람들은 아마 어리석다고 말할 것이다. 이해한다. 그의 가족이라면 나도 그를 말렸을 것이다. 중환자실에 들어가기 직전까지 그에게 다시 한 번 생각해볼 것을 거듭 당부하기도 했다.

하지만 이제 그는 없다. 과정을 결과로만 판단한다면 이 냉혹한 세상에서 실패할 일밖에 없는 우리들 대부분은 지워진 삶이 될 것이다. 그의 선택과 죽음을 함께 경험했던 나는 그가 나를 바꾸어 놓았음을 고백하지 않을 수 없다. 길은 하나의 거울처럼 우리를 보여준다. 내가 가지 않을 길을 선택하는 사람들은 내가 갖고 있지 않은 것을 보여주는 사람이기도 하다.

이제야 고백한다,
나와 다른 길을 선택했던 그의 죽음이
내 삶을 바꾸어 놓았다는 사실을

생명에 대한 존중이 낙태에 대한 반대로 곧장 이어진다고는 생각하지 않는다. 마찬가지로 낙태를 찬성하는 이들에게 생명을 존중하지 않는다고 비난하는 것도 옳지 않다. 무엇보다 여성의 자기 결정권이 중요하기 때문이다. 나는 이 글이 그와 다른 선택을 하는 여성들을 공격하는 용도로 쓰이는 걸 바라지 않는다. 마찬가지로 낙태권을 옹호하는 사람들에게 비난의 대상이 되는 것도 원치 않는다.

다만 한 번쯤은 단 1분만이라도 조용히 눈을 감고 우리가, 여기 살아있는 삶이 얼마나 소중한 존재들인지 실감할 수 있기를 바랄 뿐이다. 그가 지켜주고 싶었던 '아기'가 바로 나이고, 내가 매일 병실에서 만나는 사람들이라는 것을 실감했던 것처럼. 그 실감이 결국 나의 삶, 그리고 우리의 삶을 조금 바꾸어 놓을 수 있도록. 그의 선택에 동의하지 않아도 자신의 생명을 담보로 한 생명을 지키려 했던 한 사람이 있었다는 사실이 우리의 마음을 잠깐이라도 위무할 수 있도록. 그리하여 20년 전 그가 썼던 '아기'라는 글자가 우리 모두의 이름임을 깨달았던 어느 전공의는 하지 못했던 일. 실패했던 그, 마지막까지 외로웠을 그를 우리가 안아줄 수 있도록.

심장마사지로 살려낸 트럭운전사,
두 다리 잃었지만

여한솔 응급의학과 전공의 · 이대목동병원 응급의학과 · 대한전공의협의회장

힘들기로 유명했던 본원 응급실 인턴 근무의 마지막 날이었다. 퇴근 20분 전 응급실 근무를 탈 없이 마쳤다는 안도감을 비웃기라도 하듯 119 사이렌이 울리며 환자가 실려 들어왔다. 37세 남성 환자, 트럭운전사, 맞은편 차량과 정면충돌했다. 트럭은 종잇장처럼 찌그러졌고, 환자는 가슴이 운전대에 끼인 채로 있다가 구조되었다고 한다.

그곳 응급실은 권역외상센터로 지정되어 있었다. 중증외상 환자가 오면 '트라우마팀 콜'이 작동된다. 흉부외과, 신경외과, 외과, 정형외과 전문의가 곧바로 호출되는 프로토콜에 따라 각 교수님들이 소생실로 몰려들었다.

환자의 상태는 매우 좋지 않았다. 의식은 혼탁했고, 수축기 혈압이 60을 넘지 않는 초응급 상황이었다. 응급의학과 전공의 선생님이 빠르게 초음파로 환자를 평가했다. 환자는 외상에 의한 심장눌림증이었다.

내원 5분이 되지 않아 환자는 심정지가 발생했고, 곧바로 나를 포함한 여러 인턴이 투입돼 심폐소생술을 시행했다. 몇몇 교수님들이 상의한 후 곧바로 개흉술을 통해 심장마사지를 시행하기로 했다. 환자의 심장을 압박하고 있는 내 손바닥과 2㎝도 떨어지지 않는 곳에서, 교수님은 커다란 수술용 도구로 환자의 앞가슴뼈를 잘라내고 있었다. 흉측한 광경을 목격하면서도 심폐소생술을 멈출 수는 없었다. 흠칫 놀라는 내 눈빛을 알아차리셨는지 교수님은 "걱정 마, 네 손은 자르지 않을게."라고 말하며 거침없었다.

교수님의 침착한 개흉술에 뛰지 않는 심장이 노출되었고, 인턴인 나는 심장을 직접 손으로 마사지했다. 말로만 듣던 심장마사지를 하던 그때를 돌이켜보면 아직도 아찔하지만, 당시에는 내가 느끼는 감정 따위는 중요하지 않았다. 오로지 모든 의료진이 모여 환자 살리기에 여념 없었다.

"나이가 깡패니까 한번 해보자. 이것만 잡으면 환자 산다."라던 교수님의 목소리가 아직도 생생하다.

심장마사지를 하는 동안 심장이 뛰다 멈추기를 반복했다. 여러 교수님이 상의해 곧바로 수술을 진행하기로 했다. 흉부외과 교수님이 환자가 누워 있는 카트 위에 걸터앉아 심장마사지를 지속하며 수술방으로 올라갔다. 입고 있던 내 당직복은 힘들어서 흘린 땀 절반, 하얗게 질려버린 충격으로 인한 식은땀 절반으로 흥건히 젖어 있었다. 나의 응급실 마지막 근무는 그렇게 심신을 하얗게 불태우며 끝이 났다.

다음 날 마취과 전공의 친구의 이야기를 들어보니, 환자는 수술방 침대 위에 안전하게 눕기도 전에 옮기던 침상 위에서 수술을 진행했다고 한다. 9시간이 넘는 대수술 끝에 환자는 중환자실로 올라갔다고 했다. 살아서⋯.

며칠이 지났다. 그 환자는 까맣게 잊어버린 채 나는 또 다른 인턴 업무에 휘둘리고 있었다. 어느 날 외상 중환자실 인턴 업무를 위한 당직을 서고 있는데 밤 12시에 콜이 들어왔다. 정형외과 전공의 선생님이 같이 드레싱을 하자며 올라오라고 했다.

"밤 12시에 무슨 드레싱이야."

구시렁거리며 중환자실에 들어가니 어디서 많이 본 환자가 격리실에 누워 있었다. 십수일 전에 보았던 그 트럭운전사 환자가 아닌가! 환자는 의식이 명료한 상태로 드레싱 키트를 챙겨오는 우리를 익숙한 눈길로 바라다보고 있었다.

환자의 몰골은 처참했다. 수십 센티미터에 달하는 흉측한 가슴 절개 자국이 선명했고, 한쪽 다리는 무릎 아래로 절단되어 수술을 받은 상태였다. 다른 한쪽은 허벅지 중간까지 절단된 채로 피부가 봉합되지 않은 채 열려 있었다. 멸균 드레싱을 하는 1시간 반 동안 정형외과 전공의를 도왔다. 당시 외상 중환자실 당직을 섰던 인턴들은 날마다 이 드레싱을 시행해야 했기에 야간 업무가 지옥 같았다고 입을 모았다.

생존은 그 자체로 소중하다는 걸, 그의 눈빛이 내게 가르쳐주었다

또 며칠이 지나 이번엔 마취과 수술방에서 마취기록을 남기는 인턴 업무를 하는 중이었다. 카트에 실려 오는 환자의 얼굴이 익숙했다. 그때는 놀랍지도 않았다. 바로 그 환자였다. 차트를 확인해 보니 환자는 사고로 인해 왼쪽 다리가 개방 골절됐지만 사고 당일 정형외과적 수술은 진행도 못 한 채 중환자실로 왔고, 심폐소생술 내내 양다리에 피가 공급되지 못해 썩어 모두 절단하기로 했다고 한다. 그중 한 다리에 대한 처치가 끝나지 않아 이날 수술이 잡히면서 마주하게 된 것이다.

몇 개월이 지났을까. 그 트럭운전사 환자가 퇴원한다고 인턴들 사이에서 소문이 났다. 비록 평생 휠체어 또는 의족을 이용해 생활해야겠지만, 그래도 의식이 명료한 채로 살아서 퇴원했다. 정말 나이가 젊어서 가능했던 것일까.

시간이 흘러 응급의학과 전공의로 일하면서 이러한 중증 외상 환자들을 종종 보게 된다. 가슴에 피가 가득 고이고 다리가 으스러지고 골반이 뒤틀려 부러진 환자들을 마주할 때면 고개를 절레절레 젓기도 하지만, 그럴 때마다 드레싱할 때 나를 바라보던 그 환자의 눈빛을 떠올린다.

누군가는 두 다리가 잘려나간다면 살아있는 것이 무슨 의미가 있겠냐고 말할지 모른다. 하지만 그들은 미처 모른다. '살아있다는 것' 자체가 얼마나 소중한 일인지를….

적절한 처치를 통해 생명을 구할 수 있는 몇 안 되는 과 중 하나인 응급의학과를 선택한 것이 지금까지 내 인생에서 가장 잘한 선택이었다고 자부한다. 지원서류에 '사람 살리고 싶어 지원했다'고 써넣던 그때의 패기를 오늘도 마음에 새긴다. 생사의 갈림길에서 두 다리를 포기해가면서도 끝까지 희망을 놓지 않았던 그 트럭 운전사의 생존을 향한 의지에 경의를 표한다. 그 환자가 부디 두 다리를 잃은 슬픔을 꿋꿋이 이겨내고 지금도 열심히 살아가시길 기도한다.

두 달을 버티던
전신화상 청년이 떠나던 날,
우리는 함께 울었다

이동환 가정의학과 전문의 · 대한 만성피로학회 명예회장

"어! 새로 오신 인턴 선생님이군요. 안녕하세요?"

짧은 머리에 구릿빛 얼굴, 단단한 체구, 불끈 튀어나온 이두박근이 눈에 띄는 젊은 남자가 병실 앞에서 나에게 인사를 했다.

"네, 안녕하세요?" 내가 마주 인사하며 병실로 들어서자 그도 따라 들어왔다. 한순간 소독약 냄새가 코를 찔렀다.

병상에 누운 환자의 모습이 보였다. 환자의 상태에 대해서는 이미 알고 있었지만 1인실에 홀로 누운 전신화상 환자를 두 눈으로 마주하는 순간, 나도 모르게 눈살을 찌푸리고 말았다. 성한 피부가 한 조각도 남지 않은 얼굴은 울퉁불퉁 붉은 살덩어리 같고, 하얀 눈동자는 당장이라도 튀어나올 듯 돌출된 상태였다. 몸통과

팔다리가 붕대로 칭칭 감긴 채 거칠게 호흡하는 환자의 모습은 똑바로 보기 힘들 정도로 처참했다. 벌써 30년 전 일이지만 아직도 생생한 그 환자와의 첫 만남은 이렇게 시작됐다.

나에게 인사했던 청년이 환자에게 다가가 말했다. "형! 새로운 인턴 선생님이 오셨어요. 앞으로 형 치료를 맡아주실 거예요."

"선생…니임…. 잘 부탁…드려요." 힘겹게 한 마디 한 마디를 하는 환자는 서른 살의 남자였다. 사고가 난 것은 벌써 한 달 전, 가스 폭발이었다. 팬티 자국만 빼고 전신 90% 화상을 입은 환자의 사망 확률은 90%였다. 그는 10%의 아슬아슬한 희망에 기대어 하루하루를 버티는 중이었다.

1991년의 무더웠던 7월 말, 외과 병동의 거의 모든 방은 에어컨을 최대치로 틀고 있었다. 하지만 그 환자의 방만은 예외였다. 전신 화상으로 피부를 죄다 잃은 환자는 삼복더위에서도 추위에 떨었다.

첫 만남이 있던 날 오후 2시. 병실에서는 한바탕 전쟁이 벌어졌다. 매일 한 번씩 화상 드레싱을 하는 시간이었다. 간호사 두 명과 나를 포함한 의사 두 명 그리고 환자의 동생, 이렇게 다섯 명은 수술 가운과 장갑 그리고 마스크로 중무장을 했다. 푹푹 찌는 병실 안에서 그런 차림으로 선 우리의 등줄기는 작업을 시작하기도 전에 흥건하게 젖어버렸다. 우리는 따뜻한 물을 받은 욕조로 환자를 옮겨서 붕대를 물에 불리며 조심스레 떼어내었다. 빨갛

게 부어오른 살에 달라붙었던 붕대를 떼어낼 때마다 환자는 고통에 찬 비명을 질러댔다. 벌써 한 달이나 형의 치료를 도와온 동생은 웬만한 의사만큼 능숙했다. 그는 드레싱을 하는 동안 형의 귓가에 무슨 말인가 계속 속삭이며 마음을 진정시키려 애쓰고 있었다. 모든 작업을 끝내고 병실에서 나온 시간은 오후 4시가 넘어가고 있었다. 꼬박 두 시간이 걸린 것이다.

그 환자를 치료하는 일 말고도 당시 외과 인턴에게 주어진 일들은 산더미같이 쌓여있었다. 잠을 잘 수 있는 시간은 하루에 고작 두세 시간, 밥 먹을 시간에 차라리 잠깐이나마 눈을 붙이는 게 나을 정도였다. 그런 상황에서도 나는 매일 오후 화상 치료를 하면서 그 형제와 많은 이야기를 했다. 환자는 사고를 당하기 전 음악을 유독 좋아하던 청년이었다. 그리고 약혼을 앞두고 있었다.

누구보다 힘겨웠을 그가 나를 위로하고 있었다.
낮은 목소리로,
슬픔과 절망을 꾹꾹 누르면서…,

그렇게 그해 여름이 지나가던 어느 날, 희망의 싹이 움트는 게 보였다. 환자 아랫배 쪽에 새로운 피부가 돋아난 것이다. 회진을 돌던 담당 전문의 선생님은 성형외과에 의뢰해 피부 이식에 대해 알아보라고 지시하셨다. 나와 동생은 서로의 눈을 보며 안도의 숨을 쉬었다.

2주가 지났다. 여느 때처럼 밤 11시에 다음 날 회진 준비를 하는데 삐삐가 울렸다. 외과 병동이었다. 전화를 해보니 그 환자에게 고열이 있다고 했다. 느낌이 좋지 않았다. 항생제를 두 차례나 바꾸었지만, 환자의 상태는 점점 나빠졌다. 그리고 며칠 후 늦은 밤. 환자의 의식이 혼미하다는 다급한 목소리에 병실로 달려갔다. 당직 전공의 선생님이 인투베이션(기도삽관)을 하는 중이었다. 가슴이 철렁했다. 동생은 옆에서 조용히 지켜보고 있었다. 잠시 후 나는 그 환자 머리맡에 서서 앰부(수동식 인공호흡 펌프)를 잡고 있었다. 자가 호흡은 이미 사라졌고, 그는 내 손의 움직임에 따라 숨을 쉬었다. 두 손으로 앰부백을 누르면 그의 가슴은 숨을 들이쉬며 부풀었다가 손을 놓으면 다시 가라앉았다. 그렇게 그는 이 세상과 작별하고 있었다.

돌덩이 같은 고통이 내 가슴을 짓누르는 느낌이었다. 다른 인턴에게 펌프를 맡긴 후 잠시 병실을 나왔다. 볼일을 본 뒤 병실로 돌아가려는데 동생이 나를 불렀다.

"선생님, 잠시 숨 돌리면서 담배 한 대 피우시죠."

동생과 나는 흡연구역으로 갔다. 무거운 침묵이 흘렀다. 이 착한 보호자를 어떻게 위로해야 할지, 아니 내 안의 슬픔을 어떻게 다스려야 하는지 알지 못한 채 나는 허둥댔다. 그때 목소리가 들렸다. "선생님, 죄송합니다."

어리둥절한 눈길로 나는 그를 바라만 보았다.

"그동안 선생님이 너무 고생하셨는데, 우리 형이 견디지 못하고 가려나 봐요. 그렇게 애쓰신 보람도 없이요. 형이 끝까지 버텼으면 좋았을 텐데, 너무 죄송해요."

그 순간 누구보다 힘겨웠을 그가 나를 위로하고 있었다. 나는 눈물만 흘렸다. 옆에 선 그도 울고 있었다.

많은 시간이 지났지만, 문득문득 그 밤이 떠오른다. 그때 내가 느꼈던 절망감, 서서히 호흡이 잦아들던 환자의 표정, 그리고 가장 힘들고 슬픈 순간에 오히려 나를 위로하던 낮은 목소리.

30년이나 흐른 지금, 그는 어디서 무엇을 하며 살아가고 있을까. 사려 깊던 그 청년은 분명 단단하고 향기로운 삶을 일구어냈을 거라 믿는다. 아픈 형을 헌신적으로 돌보면서, 진정한 사랑과 배려가 무엇인지 내게 가르쳐주었던 그를 생각할 때마다 나는 여전히 가슴 한쪽이 울렁거린다.

PART 4

세상은 우리에게 가진 것으로, 성취 능력으로
제 가치를 증명하라고 요구하지만
생명은 존재 자체로 의미를 지닌다.
가족들은 그를 있는 그대로 사랑했고,
의사인 나 역시 마찬가지였다.

다리 절단하는데 평온하던 치매노인…,
모든 것은 소멸한다

남궁인 응급의학과 전문의 · 이대목동병원 응급의학과 임상조교수

대부분의 의사는 첫해 인턴으로 근무한다. 1년간 4주씩 13개 과를 순환하는 일정이다. 인턴은 각과에서 의사로서 가장 기본적인 일을 수행하며 진로를 탐색한다.

나는 당시 정형외과 인턴이었다. 내가 근무하던 병원의 수술방은 언제나 분주했다. 하루에도 100개 가까운 정규 수술이 진행되었다. 특히 정형외과는 많은 수술을 담당했다. 나는 인턴으로 수술방에서 가장 기초적인 일을 담당했다. 환자를 이송해서 수술방에 넣고, 소독하는 동안 발을 들고 있거나 환자 몸에서 나오는 피를 닦거나 상처에 물을 뿌리는 것이었다. 하루하루는 많은 수술로 금방 지나갔다. 환자들은 대기했다가 수술방에 들어오자마자

마취되어 곧 잠들었다. 의사들은 마취과에서 사인을 보내자마자 팔이나 다리를 들어 소독하고 철심을 박아 모양을 맞추거나 인공 관절을 넣었다. 바쁜 수술방의 일과가 끝나면 병동의 잡무가 기다리고 있었다. 어떻게 시간이 지나는지도 모르는 날들이었다.

그날은 정규 수술이 조금 일찍 끝날 예정이었다. 일정에 여유가 있어 그날따라 마음이 홀가분했다. 마지막은 척추마취로 진행되는 다리 절단 수술이었다. 다른 수술에 비해 간단한 수술이었다. 보통의 정형외과 수술은 사지의 기능을 보존하거나 대체해야 하지만, 절단술은 정해진 부위를 잘라내면 끝났다. 출혈의 위험도 적었고 기능을 잃어버릴 우려도 없었다. 나는 홀가분하게 고령의 할아버지가 누운 침대를 밀고 수술방에 들어갔다. 그의 오른발에 칭칭 붕대가 감겨 있었다. 나는 환자가 척추마취를 받는 동안 대기했다. 환자는 치매가 심해서 정상적인 대화가 가능하지 않았다. 차트에는 몇 년 정도 고령으로 와병 생활을 했고 의사 표현이 불가능한 지 오래되었다고 적혀 있었다. 마취과는 환자의 마른 몸을 모로 눕혀 척추를 찔러 마취를 했다. 붕대를 풀자 오래 조절되지 않은 당뇨로 다 썩어버린 오른발이 드러났다. 저 다리를 절단해서 더 이상의 괴사와 전신의 염증을 막는 수술이었다.

하지의 감각이 사라진 환자는 의식이 명료했지만 수술방에 누워 있다는 사실조차 파악되지 않는 것 같았다. 곧 의사가 자신의 발을 톱으로 썰어낼 것이라는 사실을 알고 있는 사람이 저렇게 태연하게 누워 있을 수 없었다. 인지 기능이 떨어져 그는 실제로 조금 웃고 있었다. 다행스러운 일인지도 몰랐다. 이미 그의 발이 땅을 지탱하던 일은 몇 년 전에 끝났다. 발은 반복적으로 염증을 일으키고 괴사가 진행되어 생명을 단축시키는 일밖에 하지 않았다. 우리는 그것을 후련하게 제거하면 되었다. 발이 없는 그의 인생은 크게 달라지지 않을 것이었다.

수술을 시작하기 전 한 가지 더 조치가 필요했다. 고령의 몸에 무리가 가는 전신마취를 피한 것은 의료진의 당연한 선택이었다. 하지만 그의 의식은 너무 명료했다. 통증은 전혀 없었지만 전기톱으로 뼈를 썰어낼 때 너무나 큰 소리가 났다. 자신의 발이 잘려나가는 소리를 환자에게 직접 들려줄 수 없었다. 준비된 것은 음악을 들을 수 있는 커다란 헤드폰이었다. 마취과 간호사는 음악의 볼륨을 조절해서 할아버지에게 헤드폰을 씌웠다. 약간 큰 음악 소리가 헤드폰 틈으로 흘러나왔다. 자기 얼굴만큼 커다란 헤드폰을 쓰게 된 환자는 기분이 좋은지 조금 더 웃는 표정이 되었다.

그리고 수술은 시작되었다. 정강이를 단순하게 직각으로 잘라내면 안 되었다. 적당한 부위에서 적당한 만큼 잘라서 살을 남겨놓고 덮어야 했다. 집도의는 정확한 절단을 위해 책을 펴놓고 봐가며 꼼꼼하게 정강이 아랫부분을 잘랐다. 뼈를 자르는 굉음이 수술방에서 울려 퍼지기 시작했다. 내 일은 뼈가 마찰열로 타지 않게 주사기로 톱에 물을 뿌리는 일이었다. 나는 충실하게 톱을 따라 물을 뿌렸다. 환자의 발은 묶여 있었지만 전혀 미동하지 않

았다. 수술은 순조로웠다. 뼈는 깔끔하게 잘렸고 피부는 적당히
그 위를 덮을 만큼 남았다.

결국은 훼손되고 소멸할 수밖에 없는 몸,
병원은 우리 삶의 실체를 극단적으로 보여주는 공간

하지만 나는 자꾸 이상하다는 생각이 들었다. 수술방에서는 안정
적인 심박 소리와 뼈를 파고드는 톱의 마찰음과 함께 잔잔한 음
악 소리가 새어 나왔다. 나는 가끔 할아버지를 돌아보았다. 그는
알 수 없는 표정으로 노래에 심취하고 있었다. 간호사가 고른 노
래는 올드팝이었다. 캐럴 키드의 'When I dream'의 선율이 환자
의 귀에서 흘러나왔다. 영화 〈쉬리〉의 주제가로도 유명한 곡이었
다. 발이 잘려나가는 그의 귓가에 안온한 선율이 울려 퍼지고 있
었다. 인지 기능을 잃어버린 할아버지는 마치 어떤 생각에 골몰한
것 같았다. 하지만 나는 커다란 톱 소리와 피를 뿜는 다리와 함께
그 평온한 표정을 봐야만 했다.

곧 의사들은 절단을 끝내고 남겨둔 살을 덮어 피부를 봉합해
몽당다리를 만들었다. 의료진은 일과가 일찍 마무리되었음에 흡
족해했다. 그 방에서는 모두가 각자의 일에 충실했던 셈이다. 정
형외과는 의학적으로 절단을 결정했고, 마취과는 위험이 적은 방
법을 택했다. 보호자는 그대로 두면 환자가 목숨을 잃을 수 있다

는 말에 수술에 동의했다. 환자 또한 본인이 선택할 수 없었지만, 생명에 위협이 되는 발을 남겨 놓는 일은 좋지 않았다. 그리고 의료진은 의식이 있는 환자를 배려해서 엄선된 음악을 틀었다. 그 수술방은 주어진 일에 모두가 최선을 다한 결과였다.

그러나 그 장면은 왜 그렇게 기괴했을까. 정강이를 톱으로 절단하는 의사와 웃고 있는 환자와 은은한 올드팝과 곧 의료용 폐기물이 되어버릴 발의 총합이 말이다. 나는 병원이라는 공간이 결국 이런 장면을 낳고야 마는 곳이라는 것을 깨달았다. 그리고 한동안 지금은 살아있지 않을 그 할아버지의 꿈이었던 것을 생각했다. '내가 꿈을 꾸었을 때'라고 노래하는 선율을 들으며, 평생 힘차게 땅을 디디던 발이 잘려나가면서도 알아채지 못하고 웃는 장면을. 다시 걷는 일이 그의 꿈이었을까. 그리고 인간의 육체는 그런 방식으로 사라져가야만 하는 것일까.

결국 인체는 소멸로 향한다. 아무리 인도적인 시선으로 바라보아도 그 사실을 막을 수 없다. 궁극적으로 신체와 함께 인간의 존엄 또한 훼손될 수밖에 없다. 그것은 병원이라는 극단적 공간에서 어쩔 수 없이 기묘한 형태로 귀결되기도 한다. 그 뒤 응급실에서 수많은 환자를 만날 때마다 그날 잘려나가던 발에 자주 기시감을 느꼈다. 기괴하게 아름다운 존재와 잔혹함, 영문을 모르는 육체가 훼손되는 일. 묵묵히 어떠한 감정 없이 각자의 일에 충실하는 사람들. 슬픔에 맞선 사람들이 오늘도 아침에 일어나 발을 자르러 출근하는, 그것이 내가 평생 일하고 있는 병원이라는 공간이었다.

30년 전 편지가 준 울림,
의사는 손부터 잡아주는 사람

이상현 가정의학과 전문의 · 국민건강보험 일산병원 건강증진센터장

소년에게.

이름을 부르지 못해 미안하구나. 솔직히 네 이름이 기억이 나지 않는단다. 하지만 30년 세월이 흘렀으니 너도 이해해줄 거라 믿어. 이름을 모르니까 그냥 소년이라고 부를게.

내가 너를 만난 것은 전공의 2년차, 서울 변두리 어느 크지 않은 병원에 파견 나갔을 때였어. 격일로 당직을 서던 어느 밤 너를 응급실에서 만났지. 심야에 응급실에 오는 환자들은 주로 교통사고 환자이거나, 몸 상태가 안 좋은 어르신이거나, 고열이 나는 아기들이지. 그런데 너는 중학교 2학년 학생이었어.

"선생님, 환자 왔어요."

응급실 간호사의 전화에 잠을 깨 내려가 보니 네가 누워 있더구나. 너는 약을 여러 알 복용했고, 의식이 흐린 상태에서 가족에게 발견돼 병원에 오게 됐지.

사실 약물 중독 환자는 전공의 1년차부터 많이 접했어. 특히 너를 만나기 1년 전 강화도 병원에 있을 때는 농약 중독 환자를 자주 겪었지. 농약이 농사 목적이 아니라 생명을 포기하려 할 때도 쓰인다는 사실을 절실히 느끼곤 했단다. 팍팍했던 당시 농촌 현실이 그런 극단적 시도를 많이 하게 만들었던 것이 아닐까 해.

하지만 극단적 선택으로 병원에 온 사람은 대부분 성인이지, 너 같은 소년은 없었단다. 그래서 너를 본 순간 무척 당혹스러웠어. 나는 응급 위장세척을 했고, 다행히 다음 날 너는 의식을 되찾았어. 자세한 내용은 잘 생각나지 않지만 병원에 있는 동안 너와 몇 번 이야기도 나눈 기억이 있단다.

어린 네가 얼마나 힘들었길래 그런 극단적 선택을 했을까. 그런데 네가 들려준 얘기는 다소 의외였단다. 내가 보기엔 그냥 학교에서 흔히 일어날 수 있는 일상적 갈등이었거든. 하지만 네 얘기를 몇 번이고 곱씹어보면서 난 깨닫게 되었지. 사람은 대단하고 복잡한 문제 때문만이 아니라, 아주 작은 가시로도 죽을 만큼 마음이 아플 수 있다는 것을. 별것 아닌 것 같은 일상의 작은 가시가 누군가에겐 가슴을 후비는 칼날이 될 수 있다는 것을.

얼마 후 너는 퇴원을 했고, 나는 또다시 밀려오는 응급실 환자를 돌보며 파견 생활을 하다 본원으로 돌아왔지. 그리고 몇 개월 후 그 병원을 다시 갈 기회가 있었는데, 너의 누나가 나를 찾았다는 이야기를 들었어. 혹시 무슨 일이 있었나 걱정했는데, 누나가 전한 너의 편지를 읽으며 다행이라 생각했단다. 그 편지의 자세한 내용은 다 기억나지 않지만, 그래도 이 두 문장은 지금까지도 생생하게 남아 있구나.

선생님 덕분에 새롭게 삶을 살게 되었어요. 저도 선생님처럼 의사가 될래요.

네가 10대 중반의 소년이었던 것처럼, 나도 20대 중반의 전공의 2년차 청년이었어. 어린 나이에 극단적 시도를 한 환자를 접한 건 네가 처음이었단다. 그건 내가 이런 상황에 대해 아무런 준비가 없었다는 뜻이기도 해. 그런 내가 너에게 무슨 대단한 말을 해 줬겠나 싶어. 그래도 너는 삶의 의지를 다시 찾았고, 별로 해준 것도 없는 젊은 전공의에게 '선생님처럼 되겠다'는 감사 편지까지 써주었어. 그 말은 쳇바퀴 같은 당직 생활 속에서 잠잘 시간조차 없던 20대 젊은 의사의 멍한 머리를 깨워주었단다. 그리고 30년 넘도록 특별한 기억으로 남아 있지.

극단적 시도를 한 환자를 접할 때면 가끔 그런 생각이 들기도 했어. 생명과 죽음에 대한 자기 결정권을 과연 의사가 막을 권한이 있을까. 인간에게 자유의지는 어디까지이고, 다른 사람이 그걸 막을 권한이 있느냐는 답 없는 질문이 떠오르곤 했었지.

하지만 네 편지를 받은 후 내 생각은 바뀌었단다. '아, 그렇구나. 사람은 죽고 싶은 생각이 들어 극단적 결정을 하기도 하지만, 그 순간에서 벗어났을 때 다시 살고 싶다는 생각이 들 수 있는 거구나. 생명이 갖고 있는 본질은 결국 살아가는 것이구나.'

"너로 인해 깨우칠 수 있었단다.
치료보다 앞서 의사가 무엇을 해야 하는가를."

긴긴 삶을 살아가다 보면 누구나 힘들 때가 있기 마련이지. 그럴 때 곁에서 그의 손을 잡아줄 수 있다면 그것은 죽음과 삶이 바뀌는 순간이 될 수도 있겠지. 의사는 치료하기에 앞서 손 잡아주는 사람이구나, 너는 그것을 나에게 가르쳐 주었지.

나는 의사 '선생'이란 호칭에 대해 생각해 봤어. 사전적으론 먼저先 산生 사람이란 뜻이지만, 먼저 태어났다기보다는 세상을 먼저 경험했다는 의미일 거야. 의사는 신생아 울음소리부터 늙고 병들어 가는 것, 그리고 세상을 떠나는 순간까지, 생로병사의 전 과정을 남들보다 먼저 경험하잖니. 그러니까 의료 현장에서 환자들에게 선생 역할을 하고, 또 환자들도 의사를 선생이라 부르는 것이겠지. 하지만 아픔을 겪는 환자를 통해 오히려 가르침을 받는 게 의사란 생각을 너로 인해 갖게 됐어.

소년아.

보고 싶구나. 어떻게 성장했고, 어떻게 살아가고 있는지 궁금하구나. 편지에 쓴 것처럼 의사가 되었을까. 어디서 무엇을 하든 유독 맑은 눈을 가졌던 너는 누군가의 손을 잡아주고 있을 것 같다는 생각이 들어.

널 다시 만난다면 고맙다는 말을 꼭 해주고 싶었어. 인생을 많이 경험하지 못했던 20대 젊은 의사에게 삶과 죽음에 관해 미리 알려주어서….

"급성백혈병
왜 빨리 발견하지 못했을까요."
원망 섞인 질문에 마음이 무거워졌다

오승원 가정의학과 전문의 · 서울의대 가정의학교실 교수

50대의 그 여성이 처음 진료실을 찾은 건 고혈압 때문이었다. 그는 의사의 지시를 잘 따르는 환자였고 혈압 조절도 잘되는 편이어서 서너 달마다 오는 진료 시간은 대개 특별한 변화 여부만 확인하는 걸로 채워졌다. 작년에는 폐경기 증상이 찾아와 힘들어하기도 했다. 나는 걷기 운동을 권했고, 그는 처방 역시 충실히 따랐다. 남편과 함께 동네의 둘레길을 걸으면서 불편했던 증상도 차차 누그러졌다.

지난겨울엔 갑자기 비염 증상이 생겼는데, 집에서 키우는 고양이가 원인이었다. 딸이 키우던 고양이인데 아이가 유학을 가면서 어쩔 수 없이 맡게 되었다고 한다. 고양이를 떼어 놓으면 해결될

증상이었지만 이젠 정이 들어버려 그럴 수 없다고 했다. 진료실에서도 그녀는 연신 재채기를 했는데, 이후 증상은 항히스타민제를 처방하는 것으로 해결되었다.

환자와의 진료실 대화 주제는 처음 병원을 찾은 직접적인 문제에만 머무르지 않는다. 이사, 자녀의 졸업, 가족의 사망과 같은 집안의 대소사가 될 수도 있고, 최근에 새로 생긴 건강 문제일 때도 있다. 만남이 반복되고 대화 주제가 다양해질수록 환자에 대한 이해도 깊어지지만 그 과정이 늘 평탄하지는 않다. 오히려 대개 만족감과 무력감, 생명을 다루는 보람과 부담 사이에서 좌충우돌하는, 불확실과 난기류가 가득한 복잡계의 항로와 같다.

어느 외래 진료 전날, 예약된 환자들의 진료 기록을 미리 살펴보던 중이었다. 익숙한 그의 이름과 며칠 전에 시행한 혈액 검사 결과가 눈에 띄었다. 적혈구와 백혈구, 혈소판 수치가 정상을 한참 벗어나 있었다. 졸음으로 무겁던 눈꺼풀이 번쩍 뜨였다. 이 결과만으로 결론을 내리긴 어려웠지만, 악성 혈액 질환의 가능성도 고려해야 했다.

나는 환자의 과거 혈액 검사결과를 다시 확인했다. 몇 달 전의 검사결과엔 가벼운 빈혈 소견만이 있었고, 다음 진료 때 변화를 확인하는 것으로 계획했었다. 그 재검 결과가 이번 수치였다.

진료 시간에 맞춰 찾아온 그에게 검사결과를 설명했다. 그에겐 특별한 증상이 없었다. 정확한 병명을 말하긴 이른 상황이었다.

혈구 세포들이 많이 줄어든 상태이며 이유를 확인해야 한다고, 다시 검사가 필요하며 골수 검사를 해야 할 수도 있다고 설명했다. 그는 약간 놀란 듯했지만 추가 검사와 혈액 내과 진료를 받아야 한다는 권유를 순순히 따랐다.

진료실 밖에서 대기 중인 환자 수를 어림하며 신속하게 말을 이어가는 동안, 나는 몇 달 전 발견한 빈혈의 원인을 그때 바로 찾았다면 어땠을지를 생각했다.

한 달 뒤, 진료 예약자 명단에서 그의 이름을 발견했다. 원래 예약된 일정보다 이른 날짜였다. 그동안의 진료 기록을 확인했다. 골수 검사결과는 급성백혈병이었다. 그에게 필요한 건 빠른 항암 치료였고, 지금 내가 해줄 수 있는 것은 많지 않았다. 그럼에도 굳이 지금 그가 나를 찾은 이유는 무엇일까. 마음이 무거웠다.

그는 현재 상태에 대해 내게 한 번 더 설명을 듣길 원했다. 그와 같은 환자들이 받는 치료에 대한 내 설명을 묵묵히 듣던 그가 질문을 던졌다.

"선생님께 진료도 꼬박꼬박 받았는데, 왜 더 일찍 발견하지 못했을까요."

항상 담담하던 그의 말투는 떨렸고, 나는 그 뒤에 담긴 후회와 원망을 느꼈다. 순간 얼굴이 달아올랐다. 그는 마치 이전 검사결과에서 보였던 빈혈을 왜 그냥 지나쳤는지를 묻고 있는 것 같았다. 가벼운 빈혈이 있는 중년 여성에게서 백혈병이 발견될 확률은 얼마나 될까. 빈혈의 원인을 빈도순으로 나열한다면 급성백혈병은 한참 뒤에 있을 것이다. 당시에 추가 검사를 했다고 쳐도 바로 진단이 가능했을지는 확신할 수 없는 일이었다.

그럼에도 그때 진단이 되었다면, 몇 개월의 차이가 미치는 영향은 과연 없었을까. 이 문제 역시 확신할 수 없는 일이었다. 그 사실이 나를 우울하게 만들었다.

진료란 불확실의 바다 위를 향해하는 일,
수시로 찾아드는 무력감과 상처에도 불구하고
우리는 좌표를 찾아 항해를 이어간다

몇 달 뒤 그를 다시 만났다. 지난번보다 표정이 밝았다. 항암치료 결과가 좋았고, 골수 이식 없이 완치될 수도 있을 거라 들었다고 했다. 환자의 경과는 그동안의 진료 기록으로 대략 알고 있었지만, 편안해 보이는 그의 얼굴을 직접 대하니 나도 기뻤다.

"항암치료를 받을 땐 참 힘들었는데, 선생님 덕분에 제때 발견해 치료할 수 있었던 것 같아요. 저는 그래도 운이 좋은가 보네요. 선생님께 감사하단 말을 꼭 하고 싶었어요."

그의 행운에 감사해야 할 사람은 오히려 나였을지 모른다. 진료실에서의 일상이란 불확실의 바다 위를 항해하는 것과 같다고 종종 생각한다. 교과서를 통해 얻은 지식은 내 앞에 있는 환자 한 사람 한 사람에 대해선 정확한 답을 주지 않는다.

불확실은 도처에 존재한다. 의사인 나는 겸손한 마음으로 그저 최선을 다할 뿐이다. 그 가운데서 의사도 환자와 마찬가지로 불안해하고, 무력감을 느끼고, 상처받는다. 그럼에도 불구하고 분명한 점은, 그 과정을 통해 스스로가 의사로서, 한 인간으로서 성장해왔다는 사실이다. 앞으로도 그럴 것이라고 믿는다. 그 믿음을 발판 삼아 나는 오늘도 불확실의 바다 위를 걷는다.

손목 잃은 이주노동자
나비드는 언제쯤 '코리안 드림'을
이룰 수 있을까

안형준 침구과 전문의 · 건강과나눔 대표 · 청천한의원 원장

2019년 10월 마지막 주 일요일. 날씨가 제법 쌀쌀해졌다. 인천 부개동 이주노동자 진료센터 '희망세상'은 매주 일요일 오후 1시부터 5시까지 진료를 하지만, 특별히 10월 마지막 일요일은 따뜻한 겨울나기 행사가 있는 날이다.

이날은 평소 봉사활동에 나오는 의사들 외에 관내 의료기관의 협조를 받아 혈액검사, 방사선검사, 위내시경, 자궁암 검진 등 종합검진이 이루어지고, 독감 예방접종도 실시한다. 저소득층과 이주노동자 등을 위한 보건의료시민단체 '건강과나눔' 회원 외에도 통역 안내와 점심 식사를 준비하는 학생, 일반 시민, 자원봉사자들로 가득 메워지는, 연중 가장 큰 행사일이다.

전날 인근 학교를 빌려 검사실과 진료실을 꾸몄지만, 당일에도 준비할 것이 많아 평소보다 일찍 집을 나섰다. 그런데 벌써부터 학교 정문에는 많은 이주노동자 환자들이 대기하고 있고, 운동장에 설치된 접수대에는 '건강과나눔' 회원 외에도 수많은 자원봉사자들이 분주히 움직이고 있다.

'건강과나눔' 조끼를 입은 자원봉사자 중에 눈에 띄는 한 사람이 있다. 한국인 못지않게 유창한 한국말을 구사하며 통역 봉사를 하고 있는 파키스탄 국적의 나비드(가명)이다. 그는 오른손을 주머니에 넣고 있거나 아니면 항상 장갑을 끼고 있다.

나비드에겐 아픈 사연이 있다. 대학에서 전자공학을 전공한 그는 전문직을 꿈꾸며 2008년 한국에 왔다. 그러나 그에게 주어진 일은 한국인들이 기피하는 위험한 일들뿐이었다. 그래도 열심히 일하며 기회를 찾았지만 2009년 프레스 작업 중 오른쪽 손목이 절단되는 사고를 당했다. 접합수술은 이뤄졌으나 오른손은 정상적인 사용이 불가능해졌고, 무딘 감각과 저린 통증 등 후유증으로 계속 치료를 받아야 하는 처지가 되었다.

사고 당시 그는 한국말도 서툴렀고 도움받을 곳도 몰랐다. 그래서 그냥 4,000만 원의 위로금을 받고 퇴사하는 것이 좋은 일인 줄만 알았다고 한다.

오른쪽 손을 더 이상 쓸 수 없어 직장을 가질 수 없게 된 그는 재활용 폐기물을 수집해 고물상에 납품하는 일로 생계를 유지했다. 귀국도 할 수 없는 처지에 체류 기간마저 넘겨 결국 불법체류자 신분이 되어버렸다.

나비드를 처음 만난 건 그가 후유증 치료를 위해 '희망세상'을 찾아오면서다. 그는 귀화시험을 준비하고 있다고 했다. 그리고 귀화하게 되면 원래 전공인 전자공학 쪽 일을 하면서, 자신처럼 어려운 처지에 있는 사람을 돕고 싶다고 했다. 나비드는 본인이 장애를 입었음에도, 그렇게 '희망세상' 진료소에 나와 다른 이주노동자 환자들을 위해 자원봉사를 했다.

코로나-19로 '희망세상' 진료소에 올 수 없게 된 그와 얼마 전 통화를 했다. 접합수술 부위의 염증이 악화해 병원에서 치료받고 있다고 한다. 생계는 어떻게 해결하냐고 물었더니, 단골이 많이 생겨 돈도 벌어 집도 마련하였다고 오히려 자랑한다.

그런데 10년 가까이 노크하고 있는 귀화는 여전히 쉽지 않은 모양이다. 중국 국적이었다면 벌써 귀화가 승인되었겠지만, 힘없는 나라 파키스탄 출신에게는 귀화의 문도 좁다고 푸념한다. 그래도 희망을 버리지 않고 있다고, 성실한 그를 알아보고 주변에 도와주는 분들이 많은데, 그중 한 분이 자신을 입양해 이제 한국에 부모님이 생겼다고 말하면서 행여 내가 걱정할까 봐 나를 안심시킨다.

그는 다시 귀화시험에 도전 중이다. 한국 땅을 처음 밟았을 때 20대 중반이던 청년 나비드는 어느덧 마흔 살이 되었지만 '코리안 드림'은 여전히 진행 중이다.

이주노동자와 난민 환자들, 의료 취약계층인 그들을 돕는 작은 진료소가 있다

'희망세상' 진료소는 작은 규모와 자원봉사의 한계로 1차 진료만 가능하다. 그래서 중증 환자가 발생하면 실비로 치료받을 수 있는 협력 병원으로 예약을 잡아주거나, 응급 환자인 경우 인천 의료원 담당자에게 즉각 의뢰해준다. 진료 중 위암이나 뇌병변 등이 의심되어 협력 의료기관으로 의뢰되기도 했다. 수술비가 부족할 경우 상황에 따라 모아놓은 회비나 주변의 도움을 받아 보조해 주기도 한다. 지금은 코로나-19에 따른 방역 조치로 '희망세상' 진료소는 대면 진료를 하지 못해, 진료가 필요한 환자에겐 관련 병원으로 안내만 해주고 있다.

과거 갑자기 내원 환자 수가 급감하는 일이 있었다. 그럴 때면 어김없이 불법체류 단속을 강화하고 있다는 뉴스가 나왔다. 단속에 걸릴까 봐 아파도 진료를 받으러 나오지 못하는 게 이들의 처지다. 이들이 음지로 숨어버리면 오히려 더 심각한 일이 벌어지지 않을까 염려되기도 한다.

몇 년 전부터 '희망세상'에 내원하는 이주노동자가 조금씩 줄고 있다. 단속 때문이 아니라 건강보험 제도가 정비되면서 정식 의료기관에서 진료받을 기회가 많아졌기 때문이다. 다행스러운 일이다. 그런데 이주노동자의 빈자리를 이젠 난민 환자들이 다시 채우고 있다. 중동 국적의 인도적 체류 허가자(난민)들, 사실상 집단거주지가 형성된 우즈베키스탄 출신 고려인 등이 '희망세상' 문을 두드리고 있다.

과거 모든 것이 부족하던 시절 우리나라에도 전국 곳곳에 많은 무료진료소가 있었다. 소득이 증가하고 건강보험이 보편화되면서 무의촌은 차츰 사라졌고, 무료진료소도 하나둘 문을 닫았다. 그러나 사회구성이 다양화되면서 우리 주변에는 새로운 의료 취약 계층이 생겨나고 있다. 국내 저소득층 아동이나 독거 노인에게는 많은 분들이 온정의 손길을 보내지만 이주노동자에겐 도움도 적을 뿐 아니라 시선마저 따갑다. 우리나라에도 가족의 생계를 위해 먼 타국으로 돈벌이를 떠나던 서러운 시절이 있었다. 모두가 그때, 그 처지를 기억했으면 좋겠다.

코로나-19는 우리에게 나 홀로 건강할 수는 없으며, 모두가 건강해야 나도 건강할 수 있다는 교훈을 안겨줬다. 더불어 살아가는 사회, '희망세상'이 문을 닫을 수 없는 이유이다.

암 재발 후 살았지만
다 잃고 노숙자 생활,
치료가 늘 최선일까?

강현석 내과 전문의 · 캘리포니아대학교 샌프란시스코의대(UCSF) 종양내과 부교수

오래 사는 것이 축복이어야 하는데, 요즘은 꼭 그렇지만도 않다는 생각이 자주 든다.

최근 외래에서 본 한 환자는 12년 전 처음 진단을 받았고, 10년 전에 두경부암이 재발한 경우다. 수술이 불가능한 재발암을 진단받고서도 10년째 투병 생활을 이어가며 생존할 수 있었던 건 첫 항암 치료의 반응이 좋기도 했거니와 방사선 치료를 필요할 때마다 적절히 했고, 때마침 최신 면역 치료가 등장하면서 다양한 치료법을 적용하며 진행을 늦춘 덕이었다. 그 긴 시간 동안 몸은 서서히 나빠졌지만 그는 여전히 살아 있었다.

이쯤 되면 의학적으로는 기적으로 취급되어야 한다. 하지만 환

자 본인에겐 과연 축복일까 싶다. 직업은 오래전에 잃었고, 재산은 치료비와 생활비로 소진해 버렸다. 지친 가족들도 일찌감치 떠났고, 급기야 어느 시점에는 거리로 밀려나 노숙자 생활까지 했다. 지금은 공적 부조로 겨우 생활하는데, 진행된 병 때문에 앞도 제대로 볼 수 없고, 머리조차 혼자 가눌 수 없어서 항상 누군가의 도움을 받아야 한다.

또 다른 전이 두경부암 환자가 있었다. 그는 이미 많이 진행된 단계에 외래에 찾아왔고, 각광받던 면역 치료를 시행했지만 희망과 달리 차도가 전혀 없이 상태가 더 나빠졌다.

나는 항암 치료를 권했으나 그의 생각은 달랐다. 이미 충분히 보람 있는 삶을 살았으니 여생은 가족과 함께 의미 있게 보내고 싶다고 했다. 고통이 심해져 참을 수 없을 지경이 되면, 의사 조력 자살도 고려하겠다고 그는 덧붙였다. 그의 뜻을 충분히 이해했기에 나는 호스피스에 의뢰했다.

몇 달 후, 그로부터 연락이 왔다. 아들과 여행도 하며 잘 지내고 있다면서 병이 어떻게 진행되고 있는지 알고 싶다고 했다. 그래서 다시 단층촬영을 했는데 깜짝 놀랐다. 암이 더 진행한 것이 아니라 몇 달 전에 비해 줄어 있었다.

종양학에서 생존율은 가장 중요한 지표이다. 임상시험에서 '통계적으로 유의미한 생존율 증가' 여부는 신약의 존폐를 좌우할 정도로 금과옥조처럼 받들어진다.

사람은 누구나 오래 살기를 원한다. 죽음을 두려워하는 것은 모든 생명체가 지닌 본능이다. 그래서 종양을 치료하는 의사들은 지속적으로 생존율 향상을 위해 노력해왔다. 내가 처음 두경부암을 보기 시작할 때만 해도 재발암이나 전이암 환자들은 6개월을 넘기기 힘들었지만 요즘은 1년을 넘기는 경우가 흔하다. 무시무시하기로 유명한 미분화 갑상선암 역시 진단 2~3개월 만에 사망하던 과거와 달리 최근에는 지속적인 약물치료의 도움으로 1년 이상 생존하는 환자분을 만나는 게 어렵지 않다.

지난해 한국에 가서 100세가 넘으신 할아버지를 뵙고 왔다. 매년 찾아뵐 때마다 올해가 마지막이 아닐까 생각하곤 했다. 그게 벌써 몇 해째인지 모를 정도로 그 분은 아흔 살이 넘은 나이에도 정정하셨다. 5년 전만 해도 찾아뵐 때마다 같이 커피도 마시고 밥도 먹고 산책도 하면서 이런저런 이야기를 많이 나눴다. 한데 최근 1~2년 사이 급격히 기력이 쇠해 식사도 아주 적은 양만 드시고, 제대로 일어나지도 못하시고, 누군가의 도움 없이는 거동도 불편해하신다. 다만 정신은 온전해서 젊었을 적 중국 내몽고에 다니셨던 얘기, 전쟁통에 피란 가던 얘기 등 70~80년 전에 있었던 일들까지 상세하게 들려주시곤 한다. 그러면서도 거동이 불편해진 어른신은 살아 있어도 사는 게 아니니 이제 그만 이 세상을 떠났으면 좋겠다고 말씀하셨다.

얼마나 오래 사느냐가 아니라
어떻게 사느냐를 고민해야 할 때,
의료의 방향도 달라져야 한다

살아 있는 건 중요하다. 그러나 어떻게 살아 있는가가 어떤 면에서는 더 중요하다. 의학은 눈부시게 발전했지만, 우리는 아직도 기능 저하 문제를 해결할 방법을 찾지 못하고 있다. 아무리 건강한 사람도 삶의 과정에서 타인의 도움이 필수적인 시기에 이를 수밖에 없다. 하지만 그 시기를 어떻게 대처해야 하는가에 관해서는 거의 생각하지 않는다. 삶의 질에 대한 가치 판단은 사람에 따라 다 다르고, 그걸 신약 허가에 쓸 수 있게끔 정량적 지표로 나타내는 것은 매우 어렵다. 그래서 우리는 아직도 생존이라는 확실한 지표에만 매달리고 있다.

이제 전이암 환자의 생존에만 초점을 맞추는 전통적 관점에서 벗어날 필요가 있다. 단순히 생존을 연장하는 것보다는, 암의 조기 진단 및 근치적 치료 후 재발 방지에 더 심혈을 기울여야 하고, 비가역적인 죽음의 과정에 들어선 환자를 위해서는 삶의 질을 증진시키는 방법을 찾는 방향으로 더 많은 연구가 이루어져야 한다. 삶의 질을 증진시키는 것은 그 자체로도 의미가 있지만, 앞서 말한 환자의 사례에서 보듯 그것이 오히려 생존 향상에도 도움이 될 수 있다. 실제로 하버드대학교 연구팀의 최근 연구에 의하면, 진단 초기부터 삶의 질에 초점을 맞춰 완화 치료를 받은 폐암 환자들은 통상적인 항암 치료만 받은 환자에 비해 삶의 질이 향상되었을 뿐 아니라 생존율 역시 증가했다고 한다.

　오래 사는 것도 중요하지만, 어떻게 사는지가 더 중요하다. 육체적으로 점점 힘들어져 가는 환자에게 "그래도 아직 살아 계시잖아요."라고 말하는 것은 매우 곤혹스러운 일이다. 할 수 있는 치료가 있다는 것이 치료를 꼭 해야만 한다는 의미는 아니라는 사실을 기억해야 한다.

산모가 준 뜻밖의 선물,
그날 나는 다시 시인이 됐다

김기준 마취통증의학과 전문의 · 연세대학교 의과대학 마취통증의학교실 교수

나는 대학병원 교수입니다. 마취 의사이며, 세부 전공은 산과 마취입니다. 나는 늦깎이 시인이기도 합니다. 2016년 4월 〈월간 시〉가 주최한 제7회 추천 시인상 공모에 당선돼 공식 등단했습니다. 중1 때부터 시를 썼지만, 쓰다 태우기를 반복한 탓에 모아둔 시는 거의 없었습니다. 나는 윤동주를 닮고 싶었습니다. 평생 단 한 권의 유작 시집만을 남기려 했습니다. 그런데 나로 하여금 시를 발표하고, 등단까지 하게 하고, 좋든 싫든 시집을 내야겠다고 결심하게 만든 계기가 있었습니다. 마취가 나의 소명임을 비로소 가슴에 각인하게 된 사연이기도 합니다.

7년 전 늦가을 저녁이었습니다. 쉰이 넘은 중년 남자가 으레 그

렇듯, 모든 것이 권태롭고 의미를 찾기 힘들었던, 유난히 중증 환자와 보직과 관련된 일이 많아 몸과 마음이 다 지쳐버린, 그런 날의 저녁이었습니다. 일과를 끝내고 퇴근을 준비하는데, 연구실 문을 두드리는 소리가 들렸습니다.

"들어오세요." 감색 원피스에 단정한 매무새의 30대 초반 여성. 의료기기 회사 직원의 방문을 꺼리는 나는 얼른 말했습니다. "지금 퇴근하려 하는데요. 다음에 오시면…."

"김기준 교수님 맞으세요? 여기저기 물어서 찾아왔는데…."

"예. 맞습니다만 무슨 일로 저를?"

"잠깐 드릴 말씀이 있어서요."

의료기기 회사 직원은 아닌 듯했습니다. 그렇다면? 당시 나는 병원 적정진료실 실장을 맡고 있던 터라, 직감적으로 생각했습니다. 아, 환자 안전사고 관련으로 온 건가! "일단, 여기 앉으세요. 차 한 잔 가져올게요." 이를 어쩌나. 가슴에 차오르는 짜증과 한숨.

"혹시 저 기억하세요? 몇 개월 전 교수님께서 마취해 주셨는데요. 아기 낳을 때 손잡아 주셨잖아요. 저 때문에 손에 상처가 생겨 피가 났었는데…."

"아! 그때…."

제왕절개 수술을 할 때, 일반적으로 척추마취를 시행합니다. 또 태아 활력징후의 안정을 위해 마취 전 투약은 하지 않습니다. 딱딱한 침대 위에서 척추마취 시술이 끝나기를 기다리는 동안, 산모가 불안해하고 긴장하는 것은 늘 보는 일입니다. 아기가 태어난 뒤 진정제를 투여받고 잠들 때까지, 산모는 의료진의 다급한 목소리와 움직임, 수술기구들이 부딪히는 차가운 금속성 소리, 피부와 살을 찢는 소리를 온몸으로 듣고 느낍니다. 아마도 이만큼 두렵고 무기력하며 절절한 순간도 없을 것입니다. 그러나 뾰족한 방법이 있는 것도 아닙니다. 나는 산소 캐뉼라를 산모의 코에 거치한 다음, 그저 손만 잡고 있을 수밖에 없었습니다.

"괜찮아요. 걱정하지 마세요. 숨을 천천히 들이쉬었다 내쉬었다 해보세요. 금방 괜찮아질 거예요." 대개는 나를 뚫어지게 쳐다보다 눈을 감습니다. 이렇게 산모가 조금 안정을 찾으면, 가벼운 농담을 주고받죠. "이제 좋은 시절 다 지나갔네요. 배 안에 있을 때가 편안한데…. 아기 이름은 지어 놓았나요? 아기방은 어떻게 꾸몄어요? 키우려면 돈 많이 들 텐데…."

그렇지만, 내 손을 잡은 산모의 손에 힘이 들어가는 것은 어쩔 수 없습니다.

"그때 죄송했어요. 제가 손톱으로 너무 세게 눌러 교수님 손에 피가 났잖아요. 저도 모르게 그만."

"아니에요. 알러지 때문에."

"그때도 그러셨어요. 나이가 들어 갑자기 없던 피부 알러지가 생겼다고. 그때는 교수님 손만 보였어요. 이 손만 꼬옥 잡고 있으면, 놓지 않으면, 모든 것이 무사히 다 지나갈 것이다…, 오직 그런 마음뿐이었어요. 정말 고마웠습니다."

"무슨 말씀을. 당연히 해야 할 일을 했을 뿐인데요. 이렇게 찾아와 주시니, 오히려 제가 미안하고 고맙습니다."

그는 핸드백에서 곱게 포장한 무언가를 내어놓았습니다.

"교수님, 제 성의입니다. 약소하지만 받아주세요. 그때 없던 알러지가 생겼다고 말씀하셨잖아요. 피부 알러지에는 모유로 만든 비누가 최고예요. 제가 취미로 비누를 만들거든요. 이건 제 아이가 먹고 남은, 초유로 만든 비누예요."

"예? 그게 무슨?"

"정말 감사합니다. 건강하세요." 그는 황급히 문을 열고 나갔고, 난 얼떨떨한 나머지 감사 인사도 제대로 못 했습니다.

예쁘게 포장한 작은 상자를 열어보니, 아기 손바닥만한 황톳빛 비누 두 장이 있었습니다. 한동안 '이게 무슨 일이지?' 어안이 벙벙하고, 꼭 꿈을 꾸는 듯했습니다. 얼마나 흘렀을까, 눈물이 흘러내렸습니다. 그리고 통곡이 되어 콧물까지 다 쏟으며 엉엉 울었습니다. 고맙습니다. 내가 더 고맙습니다.

그날 저녁, 연구실에서 단숨에 눈물로 쓴 글이 '비누 두 장'이란 시입니다. 나의 첫 시집에 실려 있으며, 가장 아끼고 사랑하는 시입니다.

이런 가을날 저녁이면 그가 생각납니다. 나의 닫힌 마음을 두드려 눈물 흘릴 수 있게 만들고, 다시 시를 쓸 수 있게 만들고, 세상에서 가장 행복한 의사가 될 수 있게 한, 무엇보다 사람과 사람이 이렇게 따스할 수 있음을 가르쳐 준 사람. 언제까지나 행복하시길 빕니다. 그때 제대로 하지 못한 감사의 인사를 다시 한번 더 올립니다. 고맙습니다. 내가 더 고맙습니다.

(그 비누 한 장을 써 보았는데, 신기하게도 한 달 만에 손등의 피부염과 가려움증이 없어졌습니다. 나머지 한 장은 곱게 다시 포장한 후, 깊숙한 곳에 내 평생의 보물로 간직하고 있습니다).

비누 두 장

여리디여린 당신의 허리춤에 긴 마취침 놓고/ 두려움에 떨고 있는 당신의 눈을 보며/ 내가 할 수 있는 건 그저 손잡아주며/ 괜찮아요 괜찮아요/ 내가 옆에 있잖아요/ 그 순한 눈매에 맺혀오는 투명한 이슬방울/ 산고의 순간은 이토록 무섭고 외로운데/ 난 그저 초록빛 수술복에 갇힌 마취 의사일 뿐일까?/ 사각사각 살을 찢는 무정한 가위 소리/ 꼭 잡은 우리 손에 힘 더 들어가고/ 괜찮아요 괜찮아요/ 내가 옆에 있잖아요/ 편히 감는 눈동자 속에 언뜻 스쳐 간 엄마의 모습/ 몇 달 후 찾아와서 부끄러운 듯 내어놓은/ 황톳빛 비누 두 장/ 고맙습니다 고맙습니다/ 우리 아기 먹다 남은 초유로 만든 비누예요/ 그때 손잡아 주시던 때 알러지로 고생한다 하셨잖아요/ 혼자 남은 연구실에서 한동안 말을 잊었네/ 기어코 통곡 되어 눈물, 콧물 다 쏟았네/ 고맙습니다 고맙습니다/ 내가 더 고맙습니다

긴 병에 효자 없다지만,
루푸스 환자 아내와 딸은
10년을 한결같았다

최상태 내과 전문의 · 중앙대병원 류마티스내과 교수

환자의 호흡이 점점 불안정해졌다. 가래 끓는 소리도 심해졌다. 산소 농도를 계속 올렸지만 산소 포화도는 그다지 호전되지 않았다. 이른 새벽, 결국 중환자실로 이송했다. 그리고 기계 호흡을 시작했다. 며칠 전부터 항생제를 쓰기 시작했지만, 폐렴이 점점 악화하더니 이렇게까지 진행하고 말았다. 감염내과와 상의해 항생제를 바꾸었다. 이젠 더 바꿀 항생제도 없다. 아무리 생각해도 더는 할 수 있는 게 없는 것 같았다. 그저 지금 쓰고 있는 약들이 잘 들어 회복되기를 기도할 뿐. 하지만 환자의 전신 상태를 보면 다시 회복할 수 있을지 솔직히 확신이 안 선다.

　토요일. 아무도 없는 텅 빈 중환자실 앞에서 기다리고 있던 부

인과 딸에게 환자의 상태에 대해 하나하나 설명하는데, 부인이 이런 말씀을 하신다. "지난 10년 동안 단 하루도 다른 사람에게 맡기지 않고 나하고 딸이 남편을 돌봐 왔어요. 그렇게 사랑 많이 받았으니까 이렇게 가더라도 괜찮을 거예요."

말을 이어가는 부인의 눈가는 젖어 들기 시작했고, 그 옆에 말없이 서 있던 딸의 뺨에도 눈물이 흘러내렸다. 그리고 내 눈시울도 시나브로 붉어져 갔다.

지난 20여 년 동안 내과 의사로 살아오면서 보호자들에게 환자상태가 좋지 않다는 이야기를 수없이 해왔다. 그중 어느 한 명 안타깝지 않은 인생이 없었고 맘 편히 이야기를 전했던 적이 한 번도 없었건만, 보호자에게 설명하는 중에 이토록 함께 눈시울이 뜨거워진 건 아마도 이번이 처음인 것 같다.

이 환자를 처음 만난 지도 어느새 6년이 되어간다. 전신홍반루푸스. 그가 갖고 있는 병의 이름이다. 면역세포가 비정상적으로 활성화되면서 자기 몸을 공격해 여기저기 염증을 유발하는 대표적 자가면역질환이다. 루푸스는 50여 년 전만 하더라도 진단 후 2년 생존율이 50%가 채 되지 않던 병이었는데, 이제는 10년 생존율이 90%에 달할 정도로 치료 기술이 많이 발전했다. 그렇지만 환자에게도, 의사에게도 여전히 쉽지 않은 질병이다. 10년 전 교통사고로 심한 뇌출혈이 있었던 그는 다행히 생명은 건졌지만, 하반신이 마비되고 사고 및 인지 능력도 저하됐다. 그 와중에 루푸스라는 질병이 찾아왔다.

내가 환자와 직접 나눌 수 있는 대화는 지극히 한정될 수밖에 없었다. 몸 상태가 비교적 좋은 날, 외래 진료 때 부인이 "교수님이 맛있는 약 주시는데 감사하다고 인사해야죠."라고 말하면, 환자는 움직일 수 있는 일부의 얼굴 근육만 사용해 살짝 미소를 지으며 "감사합니다."라고 하는 게 전부였다. 짧은 소통이었지만 그렇게 오랜 세월을 지내면서, 나도 환자와 정이 많이 들었다.

그는 누군가의 도움 없이는 단 하루도 살 수 없었다. 혼자서는 앉아 있을 수도, 스스로 밥을 먹을 수도, 배변도 처리할 수 없었다. 그의 곁에는 항상 아내와 딸이 있었다. 긴 병에 효자 없다는 말이 무색할 정도로 그들은 남편과 아빠를 지극 정성으로 돌보았다. 한 번도 힘들어하는 내색이나 약한 모습을 보이지 않았다. 그러나 그 속에 있는 아픔을 누가 온전히 이해할 수 있을까? 그들이 흘리는 눈물이 더욱 가슴 뭉클하게 다가왔다.

인공호흡기에 의존한 채 중환자실에 누워 있는 환자를 바라보며, 내가 보고 있는 여러 환자의 얼굴이 떠올랐다. 대부분 중증 혹은 희소 질환을 앓고 있는 분들이다. 그중엔 조금만 방심하면 곧 생명이 위험해질 수 있는 환자도 여럿이다. 행여 병이 악화하지는 않을까, 부작용이나 합병증이 발생하지는 않을까, 살얼음판 걷듯 노심초사하며 조심조심 약을 쓰고 경과를 지켜보는 환자들이다. 그들은 절박하고 간절한 마음으로 주치의인 내게 온전히 자신의 건강과 생명을 맡기고 있다.

내가 마주하는 건 질병이 아니라 아픈 사람들,
나의 치료 대상 역시
질병과 싸우는 인격체들이다

언제부터인가 병원에서 환자를 고객이라고 부르지만, 아직도 나는 그 말이 어색하고 불편하다. 의사와 환자가 서로 신뢰하고 존중하는 상호관계가 아니라, 의료지식이라는 상품을 진열대에 올려놓고 사고파는 식의 계약관계로 치부되는 것 같아서다. 환자는 의사에게 의존적이지만, 근본적으로는 의사 역시 환자에게 철저히 의존적이다. 의사는 환자가 있기에 존재하기 때문이다. 내 앞에 환자가 있기에 의사인 내가 존재하며, 그렇기에 그들은 나의 정체성을 형성하는 데 매우 중요한 이들이다. 내가 마주하는 건 질병이 아니라 고통 속에 살아가는 사람이며, 나의 치료대상 역시 질병이 아니라 질병을 지닌 인격체인 것이다.

그는 철저하게 다른 사람에 의지한 채 아무런 사회적 생산성 없이 살아갔지만, 그것이 인간으로서 그의 가치를 훼손할 수는 없다. 사회는 우리에게 가진 것으로, 또 성취할 수 있는 능력으로 우리가 사랑받을 만한 존재임을 증명하라고 요구하지만, 생명은 다른 무엇을 위해서가 아니라 존재 그 자체로 가치를 지닌다. 그렇기에 그의 가족들은 그를 있는 모습 그대로 사랑했고 나 역시 그러했다.

내가 주로 보고 있는 자가면역질환 환자들은 일반적으로 단기간 내에 완치가 되지 않는다. 대부분 최소 수년 이상, 때로는 거의 평생에 걸쳐 치료를 받아야 한다. 그렇기에 의사와 한 번 맺은 관계는 오래 지속된다. 과연 그들은 내 삶에서 어떤 의미가 있는 분들일까? 반대로 나는 그들의 삶에서 어떤 자리를 차지하고 있을까? 생각에 생각이 꼬리를 문다.

환자가 중환자실에 들어간 지 여러 날이 흘렀다. 가족도 나도 간절히 기도했지만 그는 결국 사랑하는 아내와 자녀들의 품을 조용히 떠나갔다. 이젠 더 이상 그 환자도, 그의 가족들도 만날 일이 없다. 환자와의 긴 인연은 이렇게 끝났다. 그러나 그와 그의 가족들에 대한 기억은 오래도록 가슴속에 남아 있을 것 같다.

PART 5

"평생 아등바등 살았어요.
그런데 곧 죽는다 생각하니까 다 무슨 소용인가
싶더라고요. 인생 끝에 와서 겨우
진짜 소중한 게 무엇인지 알았네요."
죽음을 코앞에 둔 노인이 평온하게 웃고 있었다.

만남, 그리고 운명

장석창 비뇨의학과 전문의 · 부산탑비뇨의학과의원 원장

운명은 우연으로 다가와 필연으로 자리매김한다. 그 순간에는 미처 인지하지 못하다가, 시간이 흐른 후에야 필연임을 인식하게 된다. 28년 전 우리의 만남도 그러했다.

그해 겨울은 유난히 추웠다. 당시 나는 1년 남짓 이어온 신경외과 전공의 생활을 중단하고 방황하고 있었다. 그럴만한 사연이 있었다. 지난 연말 나는 30대 남성의 주치의를 맡았다. 유전성으로 발생한 다발성 뇌 혈관종 환자로 애초에 완치는 불가능했다. 이 방면의 권위자라는 담당 교수는 치료방법을 선뜻 정하지 못하고 차일피일 미루었다. 입원 후 일주일 만에 뇌압을 낮추는 간단한 수술을 시행하는 것으로 결정했다. 수술을 기다리는 동안 환

자의 의식은 명료했고 다른 문제도 없었다. 그런데 수술 예정일 새벽에 환자가 갑자기 혼수상태에 빠졌고 중환자실의 집중치료에도 불구하고 이틀 후 그는 사망했다. 사인은 혈관종 파열에 의한 뇌출혈로 추정되었다.

누구의 잘못도 아니었다. 내가 만만해서였을까. 이상하게도 보호자들의 분노는 나에게로 쏠렸다. 환자를 중환자실에 옮긴 후부터 나를 보는 눈초리가 달라지더니, 환자가 사망하자 온갖 욕설을 내게 퍼부어댔다. 환자의 시신이 영안실에 안치된 후에도 나는 그들을 피해 한동안 중환자실에 머물러 있어야 했다. 담당 교수는 한 발짝 뒤로 물러서서 방관만 했다. 급기야 그들은 의료사고라며 나를 경찰서에 고소했다. 경찰 조사를 마치고 돌아오는 길에 되새겨 보았다.

'내가 뭘 잘못했지? 환자가 나를 보고 입원한 것도 아닌데. 나는 죽음을 향해 질주하는 그를 옆에서 잠깐 지켜봤을 뿐인데.'

숨이 막혔다. 환자를 떠나보낸 아쉬움에, 보호자로부터 받은 모멸감에, 담당 교수에 대한 섭섭함에…, 더는 그 자리에 있고 싶지 않았다. 훌훌 떨쳐버리고 떠났다.

3월 초, 계절은 어김없이 봄을 향해 나아갔지만 나는 여전히 살얼음판 위를 걷고 있었다. 한동안 무위도식하던 내가 견딜 수 없었던 것은 사회적 무소속 상태에서 오는 자괴감이었다. 삶의 전환점이 필요했다. 우연히 소개를 받고 충주에 있는 H 병원에서 일하기로 했다. 병원장은 우리나라 신경외과 제5호 전문의인 칠순의 노老 의사였다. 1960년대 충주에 정착하여 의료시설이 낙후된 지역사회에서 신처럼 추앙받았다고 한다. 하지만 나날이 발전하는 의학을 따라가지 못해 의술은 정체되어 있었다. 원장님을 보조하며 진료하던 중, 한 환자를 만났다.

그는 막 스물을 넘긴 청년이었다. 결핵성 뇌막염으로 뇌척수액이 순환되지 않아 뇌압이 상승한 상태였다. 결핵치료제만 복용하던 그의 의식이 점점 나빠지고 있었다. 환자에 대한 원장님의 질문에 나는 무심코 대답했다. "빨리 뇌압을 감소시키는 시술을 해야 할 것 같습니다. 제가 할 수 있습니다."

순간 작년 말의 환자가 떠올랐다. 아차! 괜히 나섰나 싶었다.

왜였을까. 처음 본 순간부터 그는 내 마음을 사로잡았다. 한창 나이에 침대에 축 늘어져 있는 그에 대한 알량한 동정심일까. 혹시 동병상련을 느낀 것은 아닐까. 그는 몸의 병으로, 나는 마음의 병으로 인해 절망의 늪에 빠져있다는. 대학병원이라면 문제없이 고쳐낼 환자였다. 원장님께 말씀드려도 전원시킬 리 만무했다. 아니 경제적으로 어려운 보호자가 가려 하지 않을 거였다. 그를 잃고 싶지 않았다. 그렇다. 아직도 나는 의사였다.

검붉은 얼굴에 투박한 손, 그의 아버지는 한눈에 봐도 전형적인 60대 농부였다. 막내아들의 나빠진 병세에 얼굴의 주름이 더 깊어진 듯했다. 복도를 지나가다 멍하니 창밖을 바라보고 있던 그의 형과 마주쳤다. 움푹 들어간 눈에는 수심이 가득했다. 한동안 머뭇거리더니 그가 입을 열었다.

"선생님, 제 동생은 이대로 죽는 건가요?"

가슴이 찡했다. 그들은 연로한 원장님보다 나를 더 믿고 있는 듯했다. 응급 시술에 들어갔다. 환자의 이마를 통해 관을 꽂으려는 순간, 그와 눈이 마주쳤다. 그의 눈빛은 흐릿했지만 느낌은 강렬했다. 그것은 삶에 대한 열망이었다. 나는 잠시 기도하는 마음이 되었다. 무사히 시술을 마쳤지만, 이는 일시적인 처치에 불과했다. 뇌실-복강 단락술이라는 수술이 필요했다. 원장님은 이 수술 또한 나에게 맡기셨다.

수술은 성공적으로 끝났다. 환자의 상태는 호전되어 가벼운 담소도 가능해졌다. 그런데 열흘쯤 지나자 환자의 의식이 다시 나빠지기 시작했다. 당황스러웠다. 검사해보니 재수술이 필요한 상태였다. 보호자들의 염원을 뒤로하고 나는 다시 그가 누워있는 수술실로 향했다.

의사가 한 인간의 운명을 바꿀 수 있을까?
기껏해야 인생 드라마에 스치듯 지나가는 조연이거늘….

"안녕하세요. 선생님."

시간은 흐르고 원장님 대신 외래를 보는 중이었다. 한 청년이 환한 미소를 띠며 진료실에 들어왔다. 바로 그 청년이었다. 퇴원

후 두 달 만의 내원이었다. 살이 제법 오른 얼굴에는 생기가 넘쳐흘렀다. 왠지 그가 낯설게 보였다. 옆에 있던 그의 아버지도 흐뭇한 표정을 짓고 있었다. 그런 그들을 보노라니 가슴 속 깊이 응어리로 남아있던 지난 연말의 기억이 차츰 희미해져 갔다.

나는 운명의 힘을 믿는 편이다. 의사로서 살아가는 시간이 길어질수록 더욱 그렇다. 이는 의사라는 한 개체로서의 인간이 어떻게 타인의 삶을 좌우할 수 있는가에 대한 자문자답이기도 하다. 의업에 종사한 후 포기했던 환자가 기적적으로 살아나는 것도, 확신했던 환자가 불가사의하게 죽어가는 것도 보아왔다. 또한 모든 조건이 동일한 환자들에게 같은 치료법을 적용했음에도 극명하게 달라지는 결과를 경험했다. 환자의 미래는 의사를 선택하기 전에 이미 운명적으로 결정지어진 것은 아닐까. 어쩌면 의사는 신의 섭리에 따라 정해진 길을 가고 있는 한 인간의 인생 드라마에 스치듯 지나가는 비중 없는 조연인지도 모른다. 숙련된 의사를 만났으나 죽을 수밖에 없었던 것도, 풋내기 의사에게 맡겨졌으나 살아난 것도, 모두 운명처럼 정해진 드라마의 한 장면이 아니었을까.

그와 나, 두 청년은 서로의 인생길에서 잠시 동행하며 상대의 아픔을 치유해 주었다. 서로에게 주치의였던 셈이다. 현재 나는 비뇨의학과 개원의로 나름 성실하게 살아가고 있다. 그가 건강하게 잘 살아가고 있는지 궁금해진다. 지금쯤 그는 40대 후반의 중년이 되었을 것이다.

수술 거부했던 말기암 노인은
고통 속에서도 행복해 보였다

홍문기 내과 전문의 · 대구가톨릭대 칠곡가톨릭병원 내과과장

한가한 평일 오후였다. 대기하는 외래 환자도 많지 않았다. 나는 환자들의 차트를 확인하며 모처럼 여유로운 시간을 보내고 있었다.

그때 백발의 여성 노인 한 분이 진료실로 들어왔다. 나이는 80대였고, 딸이 동행했다. 노인은 한두 달 전부터 기운이 없고 숨이 차다고 했다. 눈꺼풀 안쪽 결막은 창백했고 다리도 많이 부어있었다. 손가락으로 지그시 누르니 움푹 들어가는 압흔壓痕성 부종이 있었다. 수개월 이상 지속된 빈혈로 심장에 무리가 와 생기는 증상이었다.

이 경우 빈혈의 원인이 중요한데, 노인들은 악성종양으로 인한 빈혈이 많다. 정확한 원인을 찾기 위해 곧바로 혈액 검사와 복부

전산화 단층촬영CT에 들어갔다. 우측 상행결장(오른쪽 맹장에서 간을 향하여 올라가는 장)에 거대한 덩어리가 있었다. 관장을 하고 대장내시경을 시행했다. 내시경을 거의 끝까지 밀어 넣자, 대장 깊숙한 곳에서 암 덩어리가 보였다. 장 안의 90% 가까운 공간을 차지한 암 덩어리 표면으로 피가 조금씩 흐르고 있었다.

내시경으로 제거하기에는 이미 늦은 상태였다. 대장 안을 모두 막아버리기 전에 긴급히 수술을 해야만 했다. 나는 검사 결과를 설명하면서, 하루라도 빨리 수술해야만 한다고 말했다. 환자는 한참 동안 땅만 내려다보다가 천천히 입을 뗐다. "얼마나 살 수 있을까요?"

사실 이만큼 어려운 질문도 없다. 같은 암이라도 결과는 천차만별이다. "제가 정확하게 말씀드리기는 어렵습니다만 수술하지 않으면 악성종양이 더 자라서 대장을 막아버릴 것이고, 그렇게 되면 정말로 얼마 더 사실 수 없게 됩니다."

또다시 침묵이 흘렀다. 잠시 후 노인은 "정말 감사합니다."라는 한마디만 남기고 진료실을 나갔다. 수술이나 치료를 받지 않겠다는 얘기였다. 나는 노인의 뒤를 따라 나서는 딸을 붙잡고 재차 설명했다. 수술을 하면, 그리고 수술이 잘된다면 결과가 좋을 수 있지만, 수술 자체를 안 받으면 정말로 위험해진다고. 하지만 딸 또한 고개를 내저었다.

나는 그만 날 선 말을 던지고 말았다. "저는 분명히 설명드렸습니다. (수술을 받지 않겠다는) 선택은 제가 아닌 환자분이 하신 겁니다." 시간이 흘렀고 그 일은 점점 내 기억 속에서 잊힌 듯했다.

정확히 석 달 후 노인이 다시 외래에 찾아왔을 때, 그가 누구이고 어떤 상태였는지 기록을 확인하지 않아도 알 수 있을 정도로 내 기억은 또렷하게 돌아왔다. 노인은 많이 나빠져 있었다. 휠체어 팔걸이에 기대어 겨우 몸을 가눌 정도였다. 팔의 근육은 이미 말라 만져지지조차 않았다. 얼굴과 다리는 부어 눈조차 뜰 수 없었다. 짧은 순간이지만 나는 환자가 올바른 선택을 하지 않은 대가라고 생각했다.

"죽음을 목전에 두고서야 가족의 소중함을 알았어요."
말기 암 치료를 포기한 그가 평온하게 웃었다

그런데 놀랍게도 노인이 웃고 있었다. 엄청난 통증이 엄습하고 있을 텐데도 표정은 밝았다. "선생님한테서 암 선고받고 나서 주말만 되면 경치 좋은 곳을 찾아서 다녔어요. 언제 죽을지 모른다고 생각하니까 뭐든 하나라도 더 해야겠다는 생각이 들더라고요. 움직이면 숨이 차고 음식은 보기만 해도 구역질이 났지만 그래도 가족들과 보내는 주말이 너무 즐거웠습니다." 그는 한 번 크게 숨을 몰아쉬더니 다시 말을 이어나갔다. "평생 아등바등 살았어요. 그런데 곧 죽는다 생각하니까 다 무슨 소용인가 싶더라고요. 팔십 평생 자식들과 이야기 한번 제대로 나눈 적도 없는데, 인생 끝에 와서 겨우 가족의 소중함을 알았네요."

옆에 서 있던 딸은 눈물을 흘리며 바닥만 내려다보고 있었다. 나 역시 뭐라 할 말이 없었다. 암 말기가 되면 심한 통증이 밤마다 엄습해 목을 옥죄듯 숨이 차게 된다. 이 노인도 마찬가지였을 것이다. 하지만 본인은 끝내 병원 진료를 원치 않았고, 자신의 선택에 후회가 없는 듯했다.

가족들은 고통을 더는 지켜보지 못해 병원으로 데리고 왔다고 했다. 노인은 결국 입원했다. 영양 공급과 함께 진통 조절을 했지만, 고용량의 마약성 진통제로 인해 의식이 흐려졌고 더 이상 의미 있는 대화는 나눌 수가 없었다. 그리고 며칠 후, 그는 세상을 떠났다.

사망 선언을 하는 내게 유족들은 감사 인사를 전했다. "사실 강제로라도 모시고 와서 수술을 할까, 고민을 많이 했습니다. 아마 선생님이 더 강하게 얘기하셨으면 억지로라도 수술받고 항암치료도 받도록 했을지 모르겠어요. 하지만 그렇게 하면 남은 시간을 수술과 항암의 고통 속에 보냈을 거잖아요. 그랬더라면 지금보다 더 큰 후회가 남았을 것 같습니다."

함께할 시간이 얼마 남지 않았다고 하니, 자식들은 만사 제쳐두고 어머니 곁을 지켰다고 한다. 1년에 한두 번 볼까 말까 한 친척, 형제들도 타지에서 매주 찾아왔다. 이들과 이야기 나누던 어머니의 모습은 참 행복해 보였다고 했다. 얼마 후 외래에 음료수

한 박스가 배달되었다. 박스엔 '덕분에 어머님 장례 잘 치렀습니다. 감사합니다.'란 포스트잇이 붙어 있었다.

의사로서 내가 수술을 권한 건 당연했다. 하지만 수술받지 않겠다며 내 방문을 나서던 노인에게 차갑게 말했던 것이 두고두고 가슴에 남는다. 가장 힘든 사람은 그 노인과 딸이었을 텐데, 내 말이 상처가 되지는 않았을까. 여태껏 전문가인 의사의 조언을 무시하는 건 환자의 독선과 아집이고 결국은 그 대가를 치른다고 여겨왔는데, 어쩌면 그렇게만 생각하는 내가 더 문제였던 건 아닐까.

노인 가족이 보내준 음료수를 나는 차마 마실 수가 없었고, 꽤 오랜 시간 진료실 한쪽을 차지하고 있었다.

친구의 추락사,
지금 같은 외상센터가 있었다면

허윤정 외상외과 전문의 · 단국대병원 권역외상센터 임상조교수

삐삐삐삐….

"공사장 9미터 추락 환자이고 의식 없습니다."

"인투베이션(기관삽관) 해! 혈압 50 저거 맞아?"

"펄스(맥박) 약합니다. 어레스트(심정지) 날 것 같습니다."

삐삐삐삐….

"엑스레이 왜 안 와, 골반 완전히 무너졌잖아!"

"대량 수혈 액티베이션(활성화) 하겠습니다."

"체스트 튜브(흉관)도 준비해주세요."

의식이 없는 추락 환자가 실려 오자 외상센터가 바쁘게 돌아가

기 시작한다. 머리부터 발끝까지 온몸 모든 장기에 손상 가능성이 있다. 운 좋게 타박상으로 끝나는 일도 있지만, 대개 생명을 위협하는 치명적인 부상을 입게 된다.

이때 가장 흔하게 발생하는 손상은 뇌출혈이다. 골반이나 척추, 늑골 골절에 의한 동맥성 출혈, 복강 내 장기 파열에 따른 혈복강…. 모두 수 분, 수 시간 내에 목숨을 앗아갈 수 있는 진단명들이다.

그러나 일단 환자가 살아서 외상센터까지 이송되었다면 그것만으로 희망을 걸어볼 수 있다. 그럴 기회조차 없이 현장에서 사망하거나 적합한 시설과 의료진이 갖춰지지 않은 병원으로 잘못 이송되는 환자들도 있기 때문이다. 외상센터 도착 후 중증 외상 환자의 운명을 결정하는 것은 이제 의료진이다. 길게 고민하거나 괴로워할 여유는 없다. 시간이 없다.

정신이 없는 와중에도 내게는 추락 환자를 마주할 때면 늘 생각나는 사람이 있다. 그는 좋은 친구이자, 어드바이저이자, 반짝이는 사람이었다.

2009년 여름 처음 만난 그는 음악을 사랑하고 새로운 일에 대한 열정이 가득한 20대 청년이었다. 남의 말을 항상 귀 기울여 들어주던 그의 주변에는 늘 친구들이 가득했다. 내가 바보 같은 연애 상담을 요청할 때도, 유학 생활에 적응하지 못해 외로워하던 때도 그는 언제나 따뜻하면서도 현실적인 조언을 건네주곤 했다.

그는 유독 형을 잘 따랐다. 자신이 가장 존경하는 사람이자, 모든 것이라고 했다. 그는 어둠이 짙어질 때 높은 곳에 올라 하늘을 바라보는 것을 좋아했다. 그 높이와 공기, 바람, 그리고 별. 그가 사랑했던 것들이리라.

"너 자신의 가치를 항상 기억해. 너는 소중한 사람이야."

며칠 전만 해도 나의 눈을 바라보며 용기를 북돋워 주었던 그를 갑작스레 만난 곳은 장례식장이었다. 다정하던 웃음은 온데간데없고, 그는 한 장의 사진이 되어 꽃 사이에 놓여 있었다. 아마도 그날 밤, 그는 자신이 좋아하는 장소에 올라 다이시 댄스의 노래를 흥얼거리다가 잠시 중심을 잃었을 것이다.

사고 후 구급대는 그를 즉시 가까운 대학병원으로 이송했다. 의료진은 가능한 모든 치료를 퍼부어가며 그를 살려내려 발버둥 쳤을 것이다. 그러나 더는 할 수 있는 게 없다고 했다. 이내 그는 가슴과 목에 여러 개의 관이 꽂힌 채 중환자실에서 눈을 감았다. 가족 중 일부는 그에게 작별 인사를 할 기회조차 얻지 못했다. 믿기지 않는 사고, 황망한 죽음. 그것은 순식간에 벌어진 일이었다. 그를 보내는 마지막 길에 친구들은 다 함께 목놓아 그가 가장 즐겨 듣던 노래를 불렀다. 그렇게 그는 나무가 되었다.

세월이 흘러 나는 권역외상센터에서 일하는 외과 의사가 되었다. 그때의 나는 어렸고, 당시는 외상센터라는 개념조차 생소하던 때였다.

중증외상 치료는 시스템이 곧 사람을 살리는 길이다. 외상센터 응급실에는 언제라도 중증 외상 환자를 받을 수 있는 전용 침대가 있어야 하고, 3명 이상의 외상 의학 전문의가 24시간 대기해야만 한다. 외상 전용 수술실도 항시 비어 있어야 한다.

그뿐만이 아니다. 이런 시스템을 미리 갖춘 외상센터만이 골든아워 내에 중증 외상 환자를 살릴 수 있다는 사실을 지역의 모든 구조 인력과 중소병원들이 인지하고 있어야 한다. 환자가 제때 실려 와야 살리든 말든 할 것 아닌가. 외상센터만 나서서는 아무것도 할 수 없다.

매일매일 들어오는 환자를 보며 생각한다,
지금 내 앞에 있는 이 환자가 또 다른 '그'라고
애틋한 '그'의 생명을 다시는 놓치지 말자고

10여 년 전 사력을 다해 그를 치료했던 의료진을 탓하는 것이 아니다. 중증 외상 환자를 살릴 준비가 되어있지 않은 병원으로 그를 실어 간 구급대를 원망하는 것도 아니다. 그때는 그게 최선이었다.

다만 그가 지금의 시스템이 갖춰진 권역외상센터로 이송될 수 있었다면, 그래서 잘 훈련된 중증 외상팀이 그를 맡았더라면, 10여 년 전 그날이 아니라 오늘 그 일이 있었더라면 어땠을까? 그는 계속 우리 곁에서 반짝일 수 있었을까? 내가 그의 담당의였다면, 나의 얄량한 실력으로 과연 그를 살릴 수 있었을까? 의미 없는 질문들이 꼬리에 꼬리를 문다.

매일 외상센터로 들어오는 수많은 환자도 결국은 또 다른 '그'이리라. 모두가 모두에게 소중하고, 서로의 모든 것인 존재이다. 보물 같은 나의 가족, 친구, 동료가 생의 끝자락을 향할 때 그 마지막 1분 1초라도 붙잡고 싶은 심정은 누구나 똑같다.

그를 떠올리며 나는 오늘도 정진하고 앞을 향해 달린다. 그렇게 해야 단 한 명의 그라도 놓치지 않을 수 있을 테니까.

사라진 외과 중환자,
알고 보니 특실에…
의료진도 '부담'스럽다

오흥권 외과 전문의 · 분당서울대병원 대장암센터 교수

의사들이 환자 면담 시에 입을 유니폼으로 선택한 것은 결국 실험
실의 과학자, 화학자, 세균학자가 입는 하얀 가운이었다. 그것은
단지 청결함만을 상징하는 것이 아니었다. 바로 지배와 통제를 의
미했다.

—바버라 에런라이크 《건강의 배신》 중에서

평온한 토요일 오후였다. 다른 과에서 응급 수술 중이던 환자
의 대장에 문제가 있어 보이니, 외과 팀의 도움이 필요하다는 요
청을 받았다. 환자는 복막염이 심한 상태였다. 원래 과에서는 해
결할 수 없는 문제라 집도의가 바뀌면서, 처음 수술팀은 모두 철

수하고 우리가 수술을 진행하게 되었다.

수술이 끝난 후, 패혈증이 있던 환자는 중환자실로 나왔다. 면회 시간에 환자 남편에게 수술 경과를 설명해주면서, 조금 더 지켜본 후 상태가 안정적이면 일반 병동으로 옮길 것이라고 말했다. 그런데 다음 날 중환자실 그 자리에 가 보니, 있어야 할 환자가 없어 깜짝 놀랐다. 중환자실 침상에 환자가 없다는 건 대개 사망한 경우이기 때문이다.

수소문한 결과, 다행히 환자는 밤사이에 일반 병동으로 이송되었다. 그리고 병동의 위치는 12층이라고 했다.

12층. 병원에서 가장 높은 층이자 의사로서의 지배와 통제가 가장 약해지는 층. 특실 층이다. 고위층 사람들은 생활하는 것도 고층이어야 안정감이 드는 것일까? 중세에 성을 쌓았던 사람들처럼 요즘에는 아파트도 초고층으로 짓고 '캐슬' '팰리스' 같은 웅장한 스케일의 이름들이 사용된다. 12층 '팰리스' 병실에 들어가 보니 어제 평범했던 차림의 남편이 말쑥하게 정장을 입고 있어서 처음에는 알아보지 못했다. 그가 건넨 명함에는 '재판관 ○○○'라고 여섯 글자만 적혀 있었다. 전화번호나 회사 주소 같은 세속적 표현은 없었다.

수술 후 별 문제 없었던 환자는 어느덧 퇴원할 시점이 되었다.

"선생님도 물론 외과 전문의이시죠?"

당시 나는 외과 전공의 1년 차 신분이었다. 판사님 가족에게 위증을 한다고 큰 벌을 받을 것 같지는 않았지만, 거짓말을 할 수는 없어서 "네, 전문의 과정입니다."라고 했다. '과정'이라는 말은 아주 작고 빠른 목소리로 뭉개면서 내 양심은 지켰다.

"그럼 선생님 방은 몇 층이죠? 제가 꼭 드릴 선물이 있어서요."

1년 차 전공의에게 혼자 쓰는 방이 있을 리 만무하다. 그때 내 머릿속에 떠오르는 공간은 창문이 잘 안 닫혀 비가 들이치고 가끔은 비둘기가 들어와서 벽면에 오물을 투하하고 가는, 매우 협소한 2평 남짓 공간에 삐걱거리는 2층 침대가 비스듬하게 놓인 누추한 당직실뿐이었다.

"5층에 방이 하나 있긴 한데, 제가 수술 때문에 낮에는 방에 갈 시간이 없습니다. 혹시 다른 선생님이 있을지도 모르겠네요."

다음 날, 2년차 선배가 당직실에서 낮잠을 자고 있는데 어떤 사람이 퇴원하는 길에 나를 찾더니 '과장님'께 꼭 전달해 달라면서 양주 몇 병을 맡겨 놓고 가더라는 말을 들었다. '전문의 과정'이라는 말을 '전문의 과장'으로 들었던 모양이다. 환자와 보호자로부터 일체 금품을 받을 수 없게 된 '부정 청탁 및 금품 등 수수의 금지에 관한 법률'이 존재하기 훨씬 전, 먼 과거에 있었던 일이다. 술 없이도 잘 살았지만, 고결한 판사님이 주는 것을 어떻게 안 받을 수 있겠는가? 그리고 명함에는 전화번호도 주소도 없어서 돌려주려고 해도 방법이 없었다(현재의 나는 현행법에 대한 준법정신이 매우 투철한 사람이다).

특실의 폐쇄적 문화는
모든 면에서 외과 병동의 특성과 충돌한다
고립보다 공감이 요구되는 치유의 관점에서는 더욱더…,

특실 환자를 보러 가는 것은 의료진에게 다소 부담스러운 일이다. 그들이 내는 고가의 비용은 시설이용에 대한 비용이겠지만, 의료 진의 몸가짐도 괜히 그 품격에 맞춰야 할 것 같은 압박감이 든다. 돈과 권력 앞에 고개가 숙여지는 불편함이 자연스럽게 느껴지는 묘한 공간. 엘리베이터에서 내리면 보안 요원이 상주하고 있다. 일반 병실과 특실은 문을 여는 방법부터 다르다. 1인실을 포함한 모든 일반 병실의 문에는 작은 유리창이 나 있어서 병실이 어느 정도 노출된다. 이와 달리 특실에는 안과 밖이 완전히 차단된 나 무문이 있어서 그곳에 들어가려면 자연스럽게 노크를 해야만 한 다. "혹시 시간이 되시면 회진을 한 번 돌아도 되겠습니까?" 하는 정중한 요청을 보내는 것이다. 침대도 훨씬 크고 침구도 매우 두 텁고 포근해 보인다.

의료진 입장에서는 환자가 해당 과의 병동에 입원해 있는 것이 편하다. 그래서 굳이 특실을 가겠다는 환자를 만나면 어떻게든 설 득을 해본다. 일반 1인실도 '저렴하지만' 꽤 쓸 만하고, 특실은 외 과 전문 병동이 아니라서 즉각 대처가 어려울 수 있다는 '괴담'을 늘어놓기도 한다.

아무리 그렇게 설득을 해도 그 세상의 환자들은 포근한 침대에 누워 있는 것을 좋아한다. 특실의 바닥과 복도에는 대리석과 카펫이 깔려있다. 일반적으로 환자들은 수술을 받고 나면, 빠른 회복을 위해 수술 다음 날부터 아픈 배와 수액 걸이를 부여잡고 운동을 하게 된다. 그런데 안락함과 신비주의를 추구하는 특실에서는 이 부분이 어렵다. 병실 밖으로 잘 나오지 않는 특실 문화가 병실 복도를 돌며 운동하는 것이 자연스러운 외과 병동의 문화와 충돌한다. 복도에 깔린, 화려한 문양과 요철을 가진 카펫 역시 수액 걸이의 바퀴와도 상극이어서 잘 굴러가지 않는다.

여러모로 볼 때 고립된 특실은 외과와 잘 맞지 않는다. 무엇보다 아픔은, 고립보다 이웃들과 함께 나눌 때 더 쉽게 이겨낼 수 있지 않을까.

장애 얻고 20년,
말기암까지 마지막 평온을 준
호스피스

김경화 간호사 · 중앙보훈병원 간호본부 외과계 부장

어느 봄날, 내가 다니는 성당의 수녀님으로부터 연락이 왔다. 노모와 단둘이 시골에서 살던 50세 미혼 남성이 간암 치료를 받던 중 더 이상 손을 쓸 수 없는 상황이 되었다고 했다. 황달에 팔다리가 붓고 배에 복수가 차서 남성은 당장 입원 치료가 필요했다. 하지만 치매에 걸린 그의 어머니는 아들과 헤어질 수 없다며 고집을 부려 병원 입원이 쉽지 않다고 했다.

종합병원의 외래부 간호책임자로 있는 나는 수녀님 소개로 환자의 누나와 상담을 했고, 입원보다는 호스피스 치료가 필요하다고 판단했다.

환자의 누나는 동생의 애처로운 사연을 털어놓았다. 집안 형편

이 어려워 많이 배우지 못한 동생은 도시로 나가 온갖 노력 끝에 중국집을 운영할 정도가 되었다고 한다. 그러나 음식 배달을 가던 중 교통사고로 머리를 심하게 다치는 바람에 인지기능이 초등학교 저학년 정도로 떨어졌고, 신체 일부마저 잃어 재기가 힘들게 됐다. 그의 상황은 가족들에게 큰 부담이 되었고, 삶의 터전도 고스란히 잃어 지난 20년간 노모의 보살핌을 받아온 것이다.

더욱이 그는 자기도 모르는 사이에 각종 보험 대출 사기에 휘말려 가족들을 힘들게 했다. 설상가상 아들을 결혼시켜 보겠다는 노모의 노력마저 사기로 이어져 얼굴도 모르는 해외 여성과 서류상 결혼까지 하게 되었다.

막상 호스피스 치료를 준비하다 보니 여러 문제가 가로막았다. 우선 간암으로 치료받던 지방 대학병원에서 호스피스가 필요하다는 소견서를 받아야 했다. 둘째, 정작 본인은 얼굴 한 번 본 적도 없는 서류상 배우자의 입원 동의가 필요했다. 셋째, 의식이 있는 경우, 본인이 '말기 암 환자임을 알고 호스피스 치료를 원한다'는 의사 표시를 해야만 했다. 호스피스 입원을 기다리는 사이 환자의 상태는 더욱 악화하는 등 많은 우여곡절이 있었다.

소견서는 대학병원의 담당 의사가 해외 출장 중이라 당장 받기 어려웠다. 환자의 누나는 "우리에겐 하늘이 기회를 안 주나 봐요."라고 울며 한탄했다. 다행히 사정을 안타깝게 여긴 그 병원의 외래 간호사와 전공의 선생님이 도움을 주셨다. 서류상 배우자의 동의가 필요한 부분은 변호사 사무실에서 이혼 진행 중이라는 확인서를 통해 해결해주었다.

환자의 첫인상은 그 힘든 장애의 세월을 보내고도 순수한 모습이었다. 힘들게 휠체어에 몸을 의지한 그는 "나는 어떠한 치료도 원치 않습니다. 호스피스로 입원하길 원합니다."라는 말을 국어책 읽듯 반복했다. 본인이 호스피스 치료를 받겠다는 의사 표시를 하기 위해 어눌한 말투로 외우고 또 외웠을 간절함이 느껴져 마음이 아팠다.

삶의 마지막 행로를
존엄하게 완주하도록 이끌어 주는 일,
이 세상과 아름답게 헤어지도록 손 잡아주는 일

그는 점차 병원에서 안정을 찾았고, 예전보다 한결 편안해 보였다. 문병 간 나에게 "내 평생 가장 좋은 방에서 창밖 벚꽃 구경도 하며 좋은 대접을 받고 있습니다. 선생님 감사합니다."라고 했다. 제대로 보살핌 받지 못했을 그의 지난 투병 생활이 그려졌다. 그의 병상에 꽃바구니를 보냈더니 "내가 좋아하는 보라색 꽃이에요. 다른 환자들과 함께 보고 싶어요."라면서 병실 중앙에 꽃바구니를 놓아두었다. 같은 병실 환자들의 고맙다는 인사에 그는 어린 아이같이 해맑게 웃으며 좋아했다.

입원한 지 2주도 채 되지 않은 어느 날 아침, 환자의 누나로부터 전화가 왔다. 동생이 조금 전 사망했다고. 그리고 "동생이 병원에서 평온하게 지내다 생을 마무리할 수 있게 도와줘서 고맙습니다."라고 그는 말했다.

누나는 동생의 장례를 마친 뒤 찾아왔다. 동생이 2주간 머물다 편안히 잠든 호스피스 공간은 천국과 가장 맞닿아 있는 곳 같다고 말하며 다시 한번 고마움을 전했다. 그리고 늘 아들 걱정만 하던 노모도 치매가 망각으로 채워져 아들에 대한 기억을 완전히 잃고 마음의 평화를 얻었다고 했다.

그동안 급박하고 긴장된 병원 환경에서 일하며 치료 중심에만 매달린 것은 아닌가 하는 후회가 몰려왔다. 자신이 어떤 치료를 받고 있는지도 모른 채 항암제와 각종 고무호스를 주렁주렁 달고 사투를 벌이느라 인생 마지막 길을 가족들과 따뜻하게 이별할 시간조차 얻지 못하는 게 우리 현실이 아닌가. 치료가 더 이상 의미 없고 마지막 가야 할 길이 예정되어 있다면, 그들의 인생 여정 속에 들어가 쉽지 않았을 삶의 마지막 행로를 존엄하게 완주하도록 돌봐 주는 게 옳지 않을까.

실제 말기 암으로 고통받던 나의 아버지에게도 나는 병의 진행 과정을 솔직히 털어놓지 못했다. 삶의 희망을 잃고 하루하루를 두려움과 체념으로 지내실 것을 걱정해서였다. 그러나 품위 있게 생을 정리할 시간, 가족 간의 화해, 남겨질 가족에게 전하고 싶었을 많은 지혜와 통찰력, 남은 시간 가족을 사랑한다는 말을 더 많이 할 기회를 드리지 못한 것에 대한 후회가 몰려왔다. 환자가 본인 상태에 대해 알고 싶어 하는 부분은 최대한 이해하기 쉽게 알려주고, 환자의 눈높이에 맞춰 충분히 공감한다는 표정으로 대해야 한다는 사실을 너무 늦게 깨달았다.

우리가 태어나기 위해 엄마의 배 속에서 열 달을 차근차근 준비하듯, 평안하고 안락한 임종을 맞이할 수 있도록 준비하는 시간도 필요하다. 그렇게 삶의 여정을 정리하는 마지막 시공간이 바로 호스피스다.

북녘 외동딸 상봉 끝내 무산,
깊은 상실감 속에
어르신은 눈을 감았다

박지욱 신경과 전문의 · 박지욱신경과의원 원장

"흥남철수의 그 흥남이네요?"

"흥남철수를 어떻게 알아?"

"학교 수업시간에 배웠겠죠. 그리고 노래도 있지 않습니까. 눈보라가 휘날리는 바람 찬 흥남부두에…, 금순아 울지를 말고…, 맞죠? 저는 2절에 나오는 영도다리 건너 영도에서 태어난걸요."

"그래, 흥남이 그 흥남이지…."

어르신은 내가 A시에서 공중보건의사로 일했던 1990년대 말 환자로 처음 만났다. 외래에 오실 때마다 잘 치료해줘서 고맙다면서 내게 밥 한번 대접하겠다고 여러 차례 말씀하셨다. 하지만 나는 완곡하게 거절했다. 환자로부터 밥을 얻어먹는 것도 이상했고,

무엇보다 환자와 개인적인 관계를 맺는 것이 더 싫었다. 그래도 어르신은 한사코 뜻을 굽히지 않으셨고, 나도 너무 거절만 하는 것이 예의가 아니다 싶어 마지못해 식사 초대에 응했다.

어르신께서는 시내에 있는 식당으로 나를 데리고 가, 메뉴 중에서 제일 비싼 꼬리곰탕을 사주셨다. 그때 이야기를 나누면서 어르신이 실향민이란 걸 처음 알게 되었다. 이후 어르신과 나는 외래에서 이런저런 정담을 나누는 사이가 되었다.

공중보건의 임기를 마치고 나는 A시를 떠났다. 그리고 1년 만에 다시 A시로 돌아와 다른 병원에 취업하게 되었는데, 어떻게 아셨는지 어르신이 찾아와 나를 아주 반갑게 맞아주셨다. 마치 오래 떨어져 있던 손자를 다시 보신 것처럼.

하지만 갑작스런 사정이 생겨 A시를 떠난 후 나는 B시에 개원을 했다. 약 한 달이 지나고 어르신은 기어코 나를 찾아내셨다. 아무 연락도 없이 그렇게 가버리면 어떻게 하느냐고 호통을 치실 정도로 서운해하셨다. A시에 개원했으면 본인이 팍팍 밀어주었을 텐데 아쉽다고도 하셨다.

어르신은 나의 새 출발을 진심으로 격려해 주셨고, 나 몰래 개원 축하금까지 두고 가셨다. 그때 얼마나 죄송스럽고도 고마웠던지. 이후로 어르신은 아예 다니던 병원을 내 병원으로 옮기셨다. 시외버스를 타고 한 시간이나 걸리는 꽤 먼 거리였지만, 한 달에 한 번은 나를 만나러 오셨다.

그렇게 4년여가 흘렀다. 어느 날 어르신께서 다소 상기된 표정으로 오시더니 급히 진단서를 끊어 달라고 하셨다.

"진단서 끊는 것은 어려운 일이 아니지만, 갑자기 왜요? 무슨 일 있으세요?"

"알아보니까 북에 두고 온 내 외동딸이 살아 있대. 이산가족 상봉하려고 방북 신청했어. 진단서를 첨부해야 한대. 죽기 전에 그 아이를 꼭 만나 봐야지!"

"어르신 정말로 축하드려요. 얼른 써드려야죠. 그런데 혈액형 적는 칸이 있네요. 어르신 혈액형이 어떻게 되죠?"

"기깐 것 모르는데…."

"그래요? 혈액형 확인하려면 시간이 좀 걸리겠는데요."

"안 돼, 오늘까지 꼭 제출해야 돼."

큰일이었다. 내 병원에서는 검사가 안 되고, B시에 있는 종합병원에 가면 금방 할 수는 있겠지만 이곳 지리를 모르시는 어르신더러 혼자 병원을 찾아가시라고 할 수도 없는 노릇이었다. 그렇다고 병원 문을 닫고 내가 따라갈 수도 없고, 시외버스를 타고 A시의 종합병원으로 가시라고 하기엔 너무 늦은 시간이었다. 난감한 마음에 발을 동동 구르는데 한 가지 생각이 퍼뜩 떠올랐다.

'아, 맞다, 시청 앞에 헌혈차가 있지!'

어르신을 모시고 근처에 있는 헌혈차로 가서 자초지종을 말했더니 흔쾌히 혈액형 검사를 해주었다. 가까스로 진단서의 빈칸을 다 채우고 A시로 가는 시외버스를 태워드렸다.

"박 원장, 고마워, 정말 고마워….."

어르신은 상기된 얼굴로 버스에 오르시며 내게 연신 고맙다고 했다. 버스가 보이지 않을 때까지 나는 눈 배웅을 했다. 맞다, 고향이 흥남철수의 그 흥남이시랬지, 이산가족이셨구나. 이날이 되도록 고향에 두고 온 가족이, 더구나 외동딸이 얼마나 그립고 보고 싶으셨을까. 정말 다행이네.

절절했으나 끝내 이루지 못한 소망!
"어르신, 그곳에서는
사랑하는 딸의 손을 꼭 잡고 행복하셔야 해요."

하지만 어르신의 방북은 끝내 이루어지지 못했다. 말년에 신병으로 고생하시면서도 북에 두고 온 혈육을 만나야겠다는 일념으로 버티신 것 같은데, 이산가족 상봉자 명단에 포함되지 못한 것에 대한 큰 실망감은 이미 병약하신 어르신을 무너뜨리기에 충분했다. 이후로 병원에 오실 때마다 어르신은 생기를 잃은 얼굴로 말씀하셨다.

"너무 늦으면 안 되는데, 안 되는데…."

너무 낙담하셔서 기력을 잃으실까 걱정이 될 정도였다.

그러던 어느 날, 따님으로부터 전화가 왔다.

"원장님, 아버지께서 돌아가셨어요. 경황이 없어 장례도 다 끝나고 이렇게 연락드립니다."

그렇게 속절없이 떠나셨다. 갑작스러운 병으로 손도 써보지 못하고 세상을 저버리셨다. 내 마음은 너무도 무거웠다. 이래서 환자와 인간적 관계를 맺어서는 안 되는 것이었나 싶기도 했다. 나는 그 병을 미리 발견할 수는 없었을까 하는 생각도 들었다.

어르신이 떠나신 지 벌써 15년이 흘렀다. 지금도 눈보라가 몰아치는 날이면 신기하게도 '굳세어라 금순아' 노래가 떠오르며 어르신 생각이 난다. 뜨끈한 꼬리곰탕 기억도 나고, 평생의 한이었을 외동딸을 만났더라면 얼마나 좋았을까 하는 아쉬움도 되살아난다. 그러고 보니 나는 의사란 이유로 받기만 하고, 어르신께 식사 한 번 대접도 못 했다. 내게 많은 걸 베풀어 주신 어르신, 부디 전쟁도 이산도 없는 곳에서 평안하시길, 그리운 외동딸과 언젠가 꼭 해후하시길 간곡히 빈다.

할머니 배 속 암덩어리,
'세 아들 뭐했나'
원망했지만

이수영 외과 전문의 · 화순전남대병원 외과 부교수

수술장 한쪽에 마련된 상담실 문을 열고 들어가니 중년 남자 셋이 초조하게 나를 기다리고 있었다. 아마도 3형제인 것 같았다. 할머니, 아들 부자이셨네요. 그러면 뭐해요. 할머니 몸이 이 지경이 되도록 아무도 몰랐는데. 아들자식 키워 봐야 다 소용없다니까요.

암 진단을 받은 부모를 둔 자식들이 스스로를 변호하는 내용은 한결같다. 그동안 아픈 데 없이 건강하셨으니까, 바빠서 자주 찾아뵙지 못해서, 시골에서 내외분만 사시다 보니….

그 어떤 변명도 통하지 않을 만큼 할머니의 복부 한가운데를 차지한 종양은 거대했다. 할머니의 배에서 그 어마어마한 종양을

마주한 순간 나는 분노할 수밖에 없었다. 필시 배가 아프셨을 텐데, 분명히 종양이 곁에서 만져졌을 텐데, 가족 누구라도 조금만 관심을 가졌더라면 알 수 있었을 텐데. 종양이 한 뼘 크기로 자랄 때까지 까맣게 몰랐던 가족들의 무심함을 나는 도저히 참을 수가 없었다. 그동안 수많은 응급 수술을 하면서도 절대 보호자를 탓하지 않는다는 원칙을 지켜 왔는데, 오늘만은 그 원칙을 어기는 한이 있어도 이 분노를 전하리라 독하게 마음먹고 상담실에서 보호자들을 마주했다.

막내아들로 보이는 남자의 간절한 눈빛이 내 눈에 들어왔다. 이 지경이 되도록 대체 뭘 하셨느냐, 어떻게 이렇게 종양이 커질 때까지 모를 수가 있냐고 따지려던 마음이 아들의 눈빛 하나에 흔들리고 말았다. 마음 다잡고 날이 선 한 마디를 뱉어내며 잘라낸 종양을 덮고 있던 포를 걷었다.

"자, 이것 좀 보세요."

세 남자는 동시에 헉, 하고 숨이 멎는 소리를 뱉어냈다. 웬만한 강심장이 아니고서는 내 두 주먹을 합친 것보다 훨씬 더 큰 종양을 직접 보고 경악하지 않을 수 없을 것이다. 아들들의 얼굴에 후회와 회한의 감정이 서렸다. 말은 하지 않았어도 3형제의 죄스러워하는 마음이 표정으로 전부 전해졌다. 이번만큼은 차갑게 쏘아주리라 다짐했건만 금방이라도 울 것만 같은 보호자들의 얼굴을 보니 차마 그럴 수가 없었다. 내 입만 바라보며 애타게 다음 말을 기다리는 아들들을 향해 조심스레 입을 열었다.

"암은…, 수술로 완전하게 절제했습니다. 복부에 남아 있는 암은 이제 없어요."

그 한마디에 아들들은 오열하며 무너져 내렸다.

"감사합니다. 정말 감사합니다."

할머니는 암이 너무 진행돼 절제가 어렵다는 말을 듣고 목포에서 화순까지 달려왔다. 그러나 종양내과 외래에서는 할머니 체력이 너무 약해 항암치료도 어려우니 증상 조절 목적으로 장루 수술이라도 받는 게 어떻겠냐고 다시 응급실로 보냈다. 며칠 사이 의사들에게서 전해 들은 한마디 한마디가 보호자들에게는 청천벽력과도 같았을 것이다. 그러던 차에 수술장에서 극적으로 암을 완전히 절제해 냈다는 소식을 들었으니 형제들이 오열하는 것이 그리 이상할 것도 없었다. 안도의 눈물을 흘리며 연신 고개를 주억거리는 남자들 앞에서 더 이상의 말은 소용이 없었다. 암이 너무 커져서 주요 혈관과 달라붙어 있어 떼어내느라 애를 먹었다는 말도, 혈관 기시부에 바짝 붙어 있는 림프절을 제거하느라 출혈이 꽤나 있었다는 말도, 눈물을 펑펑 쏟아내는 3형제 앞에서 말문이 막혀버린 나머지 나는 아무런 말도 하지 못하고 상담실을 나섰다.

수술은 잘 마무리됐으나 할머니의 회복은 더디기만 했다. 근한 달간 식사를 거의 하지 못했다는 할머니의 기력은 수술 전부터 한계에 도달해 있었다. 비록 두 시간 남짓밖에 걸리지 않은 수술이었지만 여든이 넘은 할머니가 바닥난 체력으로 극복해 내기는 쉽지가 않았다. 할머니는 쉬이 일어나지 못한 채 병상에 누워만 있었고, 장 마비가 지속되면서 미음 한 모금 넘기지 못하는 시간이 길어지고 있었다. 섬망 증상이 심해져 수액이고 소변줄이고 뭐고 라인이란 라인은 다 잡아 뽑으려고 하는 통에 양손을 묶어 두어야만 했다.

"할머니, 오래오래 건강하세요."
그래도 할머니에게는
곁을 지켜주는 아들이 있어 다행이었다

그런 할머니의 곁을 지키고 있는 사람은, 3형제가 아닌 간병인 아주머니였다. 각자 생업이 있기에 자식들이 직접 간병을 하는 것이 무리라는 사실을 알면서도, 회진을 갈 때마다 간병인 아주머니만 환자 곁에 있는 것을 볼 때 섭섭한 느낌을 지울 수가 없었다. 꼭 보호자가 환자를 돌봐야 하는 것은 아니지만, 수술 당일 상담실에서 보호자들이 흘린 눈물의 양을 생각하면 왠지 3형제 중 한 명은 어머니를 지키고 있어야만 할 것 같았다. 그렇게 오열하던 보호자들은 다 어디 가고 간병인만이 아무것도 먹지 못하는 할머니 곁을 지키고 있는 것일까. 분명 내 욕심이고 과도한 요구임을 알고 있었다. 그렇지만, 그럼에도 불구하고, 씁쓸한 마음이 드는 것은 어쩔 수가 없었다.

　그로부터 한 달이 지나고, 다행히 무사히 회복하여 퇴원한 할머니가 첫 외래 진료를 오는 날이 되었다. 이번에는 막내아들과 함께였다. 퇴원할 때는 휠체어에 앉은 채였는데 그사이 기력이 많이 회복되었는지 아들의 손에 의지해 걸어서 오셨다.

　"할머니, 퇴원하고 잘 지내셨어요?"

　"응, 뭐라고?"

　나는 할머니가 알아들을 수 있도록 귀에 가까이 대고 또박또박 외쳤다.

　"괜.찮.으.셨.냐.구.요."

　할머니는 내 말을 알아들은 건지 동문서답을 했다.

　"늙으면 죽어야 허는디, 안 죽고 살아서 자식들 귀찮게 허네잉. 우리 막내아들 회사도 빼먹어불고."

　"아이고, 엄니도 참. 그런 말씀일랑 하덜 마씨요. 우리가 오래오래 건강하게 모실 것잉께."

　어머니를 바라보는 아들의 눈은 따스함으로 가득했다. 그 모습을 보며 나는 다시 흐뭇한 마음으로 3형제의 보살핌 아래 할머니가 부디 건강하게 오래오래 사시기를 빌었다.

"산모와 태아 누구를 먼저…,"
임신 암환자 치료는
언제나 고통스런 선택

허대석 내과 전문의 · 전 서울대병원 암센터소장

20대 임산부가 호흡 곤란, 발열, 어깨 통증 등 증세를 호소하며 병원을 찾았다. 임신 때문에 생긴 증상이겠거니 막연하게 생각하고 있다가, 양쪽 목에 혹 같은 것이 만져지자 심상치 않다고 느낀 것이다.

조직검사 결과, 불행하게도 악성림프종이었다. 흉부 CT를 촬영해보니, 대동맥 앞쪽 종격동에 생긴 직경 10㎝의 종양이 기도를 압박해 호흡 곤란을 유발하는 심각한 상황이었다.

악성림프종은 항암제가 주된 치료 도구다. 그러나 환자는 31주차 임산부다. 종양이 기도를 막아 생명이 위태로울 수도 있는 환자의 상태만을 생각하면, 즉시 유도분만을 실시해 출산을 한 다

음 항암제 투여를 해야 했다. 그러나 환자는 아기가 혹시라도 미숙아 상태로 태어나 여러 위험을 갖게 되지나 않을까 걱정하면서, 출산을 최대한 미루고 싶어 했다. 결국 의료진은 본인의 생명보다 태아의 안전을 더 걱정하는 산모의 심정을 고려해, 일단 항암제를 한 차례만 투여한 뒤 3주 후 유도분만을 하는 것으로 산부인과와 의견을 모았다.

태아에 미칠 수도 있는 나쁜 영향을 최소화하기 위해 항암제에서 위험한 약제는 뺐다. 나머지 항암제들도 용량을 줄여서 투약했다. 항암치료를 받은 후 환자는 호흡 곤란 증세가 완화해 퇴원했지만 16일쯤 지난 시점에 다시 상태가 나빠졌다. 태아의 움직임도 달라지고 조기 출산 의심증세가 나타나자 환자는 곧바로 응급실을 통해 입원했다.

종양이 커진 건 아니었다. 응급실 검사소견상 치료 전과 비교했을 때 종양의 크기는 확실히 줄어 있었다. 문제는 심각한 폐렴이었다. 폐렴은 항암치료의 부작용 중 하나인데, 환자의 면역기능이 떨어지면 쉽게 세균감염이 발생한다.

임신 34주째 되는 시점이었다. 출산을 더 늦출 수는 없었다. 산부인과 의사의 판단에 따라 유도분만이 시도됐다. 그리고 아기가 태어났다. 체중은 2.37kg에 불과했지만, 다행히 인큐베이터 신세를 지지 않아도 될 정도로 건강했다. 환자도 의료진도 모두 안도의 한숨을 내쉬었다.

무사히 출산을 마쳤고 환자의 폐렴도 호전됐다. 그로부터 한 달 후 3주 간격으로 6차례의 항암치료가 시행됐고, 그 결과 종양은 완전히 소실되었다.

이후 환자는 더이상 항암제 투약 없이 규칙적으로 병원을 방문해 정기검진을 받았다. 종양 진단 1년쯤 되던 날, 정기검진차 병원에 온 환자는 아기가 돌이 되어 감사하다고 떡 한 박스를 진료실로 가지고 와 돌리며 기쁨을 함께 나누었다.

태아를 위해 소극적일 수밖에 없었던 항암치료,
임산부를 위한 치료법은
눈물과 고통을 동반하는 선택이다

그렇게 끝났다면 얼마나 좋았을까. 그날 실시했던 PET(전신 양전자단층) 촬영검사에서 재발 소견이 발견되었다. 처음에 임신상태를 고려해 항암제를 적극적으로 사용하지 못한 것이 재발의 원인이 아닌가 생각되었다. 암 재발 소식은 환자나 가족들에게 큰 충격이 될 터였다. 재발 사실을 통보해야 하는 의료진들에게도 엄청난 고통이었다.

환자는 겨우 걸음마를 시작했을 아기를 떼어 놓고 다시 항암치료를 시작해야 했다. 재발한 림프종 치료를 위해 1차 치료 때 사용하던 항암제와는 다른, 2차 항암제 치료가 시행됐다. 다행히도 종양이 소실되는 것을 확인할 수 있었다. 또 다른 재발 방지를 위해 말초혈액에서 본인의 조혈모세포를 채취하여 보관해 두었다가 고농도 항암제 치료를 받은 뒤, 그 조혈모세포를 다시 주입하는 자가 조혈모세포 이식술을 시행했다.

첫 발병 후 이제 7년이 흘렀다. 더이상 재발은 없었다. 현재 환자는 무병 상태다. 정기검진을 올 때마다 함께 오는 아이가 무럭무럭 자라는 모습을 바라보는 것은 의료진으로서는 큰 보람이자 기쁨이다.

임신부에게서 암이 발생하는 것은 흔한 일이 아니다. 그러나 일단 암이 발생하면 불행한 결과로 귀결되는 경우가 많다. 암 때문에 생긴 신체 변화를 임신에 따른 것으로 오해한 탓에 암이 진행된 이후 의료기관을 찾아와 늦게 진단되는 경우가 대부분이기 때문이다. 게다가 산모뿐만 아니라 태아에 대한 문제도 연관되어 있으므로 적극적으로 항암제 치료를 하기도 어렵다.

산모에게 발생한 종양 자체가 태아에게 직접적 문제를 일으키는 경우는 드물다. 문제는 산모가 받아야 하는 항암치료다. 대다수 산모가 암이 많이 진행된 상태에서 진단되기 때문에 항암제 치료가 필수적이다.

하지만 이 치료 결정은 정말로 어렵다. 부작용 없이 효과만 나타나는 항암제는 아직까지 없고, 항암제가 암 환자인 산모에게만 영향을 미치는 것이 아니라 태반을 통해 태아에게도 전달되어 부작용을 유발할 수 있기 때문이다.

이 환자처럼 산모와 태아가 모두 만족할 만한 결과를 보이는 경우는 흔하지 않다. 태아는 엄마의 자궁 속에 최대한 머무르다가 적어도 34주를 지나 세상에 나오는 것이 가장 좋은 반면, 산모는 하루라도 빨리 항암치료를 받아야 완치 가능성이 높아진다.

진료 현장에서 겪는 가장 큰 어려움은 태아와 산모, 과연 어느 쪽에 더 비중을 둔 치료법을 선택하는가 하는 갈등이다. 선택의 결과에 따라, 한 생명을 잃을 수도 있다. 엄마와 태아 모두 귀한 생명이기에 그 선택은 언제나 눈물과 고통 속에 이루어진다.

"의사면 다냐?"
망자의 아들은 욕설을 퍼부었다

정문기 비뇨기과 전문의 · 전 부산대의대 비뇨기과 교수

응급실 장면 하나. 초저녁부터 쏟아져 들어오는 환자들로 응급실은 한바탕 전쟁을 치른 뒤였다. 어느덧 새벽 3시. 레지던트들은 모두 숙소로 사라졌고, 전쟁터 뒷마무리는 인턴인 나의 몫이었다. 그렇게 나는 응급실의 하루를 마감하고 있었다. 졸음으로, 또 근심으로 정지된 그림처럼 앉아 있는 환자 보호자들, 나지막이 단조롭게 삑삑거리는 기계들, 그 시간 응급실 풍경은 희미하게 정지된 오래된 흑백 사진과도 같았다.

그때 쌕쌕거리는 가쁜 숨소리와 불안스럽게 쉭쉭 소리를 내는 산소 튜브 소리에 신경이 쓰여 주위를 둘러보았다. 책상 바로 맞

은편 침대에서 나는 소리였다. 그곳에는 초저녁 엄마 등에 업혀 왔던 어린 소녀가 있었다. 선천성 심장병으로 온몸과 얼굴이 퉁퉁 부었고, 입술과 피부는 시퍼렇게 변해 있었으며, 누우면 숨쉬기가 더 어려워 앉은 채로 고스란히 밤을 지새우는 중이었다.

아이의 엄마가 내게 어렵사리 말을 꺼냈다.

"애가 자꾸 환타를 마시고 싶다 하는데요."

차트를 보니 'NPO'(모든 음식물 금지)라고 쓰여 있었다.

"심장 기능이 극도로 나빠져 있는데 물을 마시면 심장에 더 부담이 가서 안 됩니다."

나는 아이에게도 말했다.

"지금은 숨이 너무 가빠서 환타 마실 수가 없어요. 그러니까 조금만 참아. 곧 입원하면 좋아질 거니까 그때 많이 마셔."

한 시간쯤 지났을까. 그 애와 눈이 다시 마주쳤는데 입술이 오물오물 움직였다. 간절한 눈빛을 보니 내게 뭔가 할 말이 있는 듯했다. 나는 아이에게 다가가 쌕쌕거리며 힘들게 새어 나오는 말소리에 귀를 곤두세웠다.

"환타, 좀 주세요."

"조금만 더 참아. 곧 날이 밝으면 입원실로 올라갈 수 있어."

얼마 후 당직실에서 세수하며 인수인계 준비를 하던 나에게 급하게 연락이 왔다. 뛰어나가 보니, 그 아이는 앉은 채로 숨을 거둔 상태였다. 옆에서 졸고 있던 엄마조차 모르는 사이에.

허탈감이 몰려왔다. 나는 대체 무엇을 위해, 밤새도록 그 힘들어하는 아이에게 음료수 한 모금 못 마시게 했단 말인가.

20년이 흘렀다. 지금도 가끔 환자들이 묻곤 한다.

"교수님, 술 한 잔 정도는 마셔도 됩니까?"

"몸에 안 좋습니다."

아, 오하아몽吳下阿蒙*이여!

후회와 미안함…,
수많은 시행착오를 겪으며 여기까지 왔다

\# 응급실 장면 둘. 부산에 대학병원이라고는 하나밖에 없었던 1980년대 초, 응급실은 날이면 날마다 초저녁부터 시장바닥이 되었다. 그 북새통 속에서 침대에 누울 수 있으면 특실, 바닥에 종이 박스 깔고 누우면 1등실, 바깥 복도에 신문지라도 깔고 누우면 3등실이라고 부르던 시절이었다.

그날은 특실부터 3등실까지 이미 다 찬 상태였다. 그러나 '응급환자는 몰려다닌다'는 징크스대로, 심각한 상태의 환자 한 명이 업힌 채 또 들어왔다. 가장 위급한 환자였기에, 의료진 대부분이 그에게로 몰렸다.

* 오하아몽: 오나라에 있을 때의 아몽 그대로란 뜻. 세월이 흘러도 조금도 진보되지 않은 자나 학문이 보잘것없는 인물을 가리킨다.

인공호흡관 꽂고, 혈관 찾아 링거 달고, 산소줄 꽂고, 오줌줄 달고, 이 약 저 약 투약에, 심장 마사지에, 인공호흡까지. 인턴인 나는 환자 배 위에서 주로 심장마사지를 했던 것 같다. 여러 사람이 최선을 다했지만 그를 살리지는 못했다. 난 각종 카테터를 뽑아내고 기워야 할 곳은 바늘로 꿰매면서 뒷정리를 했다.

그때였다. 대학생쯤 될까. 눈 주위에 눈물 자국도 마르지 않은 청년이 내게 다가오더니 다짜고짜 욕설을 퍼부었다.

"XX놈아, 의사면 다가? 니는 너거 애비도 없나?"

아닌 밤중 홍두깨가 따로 없었다. 갑작스러운 봉변에 어이없어 대꾸도 못 한 채 어안이 벙벙해져 있는 나를 쏘아보며 그는 계속 퍼부었다.

"니는 너거 애비 누워있을 때 그 위로 넘어 다니나? 니가 뭔데 우리 아버지 위로 넘어 다니노?"

"내가 언제 넘어 다녔어요?"

"내가 보니까 한두 번도 아니데. 계속 타고 넘데?"

억울하기도 하고 괘씸하기도 했다. 경황이 없던 터라 진짜 그랬는지 기억도 나지 않았지만, 설령 타고 넘었다손 치더라도 환자 살려보겠다고 북새통 속에서 정신없이 긴박하게 움직이다 보니 그렇게 된 것 아니겠는가.

젊은 혈기에 나도 맞받아 고함을 질렀다. 다른 보호자가 와서 그 사람을 떼어 놓았다. 그는 끌려가면서도 울음 섞인 음성과 증오의 눈빛으로 계속 나를 향해 분노를 쏟아냈다.

"평생 니 이름 안 까묵을 끼다!"

시간이 지나고 나서 생각해봤다. 사실 인턴인 내 머릿속에는 호흡, 혈압, Bivon, Calcose 같은 의학과 약물 용어만 가득 차 있었다. 아무리 응급실이란 특수환경이라 해도 환자에 대한 예우와 존중, 보호자들이 느낄 감정 같은 건 내 마음속에 끼어들지 못했다.

오랜 세월이 흘렀지만, 혹시라도 그날 그 청년이 이 글을 읽게 된다면 꼭 말하고 싶다.

"당신 아버지를 타고 넘었던 나의 큰 실례를 부디 용서해 주십시오."

PART 6

치료를 계속할 것인가.
여기서 중지하고 작별인사를 해야 하는가?
'결정의 시간'이 내 앞에 닥쳤다.
오랜 시간 현장에서 공부하고 경험했지만,
나는 허둥대기만 할 뿐 쉬이 결정을 할 수 없었다.

'심폐소생은 보호자 욕심'이라 여겼지만, 엄마를 이대로 보낼 순 없었다

심소현 간호사 · 서울성모병원 내과중환자실 수석간호사

"코드 블루CODE BLUE. 코드 블루. 5층 내과 중환자실 OO내과."

병원 내 방송이 울리자마자 의료진은 하던 일을 멈추고 중환자실로 달려간다. 환자 주위엔 땀을 뻘뻘 흘리며 뛰어온 의사와 간호사들로 복잡하고 분주하다. '코드 블루'는 심장이 멈추거나 호흡할 기미가 보이지 않는 긴급 환자들에게 심폐소생술을 시행해야 하니까 출동하라는, 의료진 간 호출 신호다.

'코드 블루'가 발동된다는 건 지금 누군가의 생명이 경각에 달렸다는 의미다. 이 때문에 중환자실 13년 경력인 나에게도 긴장되고 마음을 무겁게 하는 소리일 수밖에 없다. 모처럼 쉬는 날 백화점에 들렀다가 흘러나오는 스피커 소리를 '코드 블루' 방송으로

착각해 깜짝 놀랄 때도 있다.

중환자실에서 심폐소생술을 하는 환자들의 사례는 다양하다. 심폐소생술을 통해 극적으로 호전되는 환자도 있지만, 대부분 짧게 생명을 연장하는 데 그치는 경우가 많다. 의학적으로는 이미 임종에 이른 상태지만, 보호자가 차마 환자를 보내지 못해 부득이 심폐소생술을 지속해야 하는 일도 있다. '혹시나' 하는 기대감, 아니면 '당신을 살리기 위해 최선의 노력을 했다'는 위안을 얻고 싶은 마음 때문이리라.

"심폐소생술은 무의미한 생명의 연장일 뿐이야. 보호자의 욕심 탓에 환자를 더욱 고통스럽게 하는 것일지도 몰라!"

수많은 환자의 심폐소생술을 지켜보면서 어느새 나는 나름대로 결론을 내려놓고 있었다. 하지만 내가 이런 상황을 실제 겪게 되리라곤 상상조차 하지 못했다.

'감기 기운이 잘 낫지 않는 데다 목이 많이 부어간다'고 말하던 엄마가 림프종으로 진단받아 투병 생활을 시작했다. 그리고 1년 반이 지난 어느 날, 주치의로부터 청천벽력 같은 통보를 받았다.

"어머님 상태가 악화해 중환자실 치료가 필요하게 될 것 같은데, 어디까지 치료하길 원하세요?"

엄마는 조혈모세포 이식을 했지만 100일 정도 지나 장 숙주반응(공여자의 면역세포가 수여자의 장기를 공격하는 것)으로 입원했다. 고용량의 약제들을 사용했지만, 회복 기미는 보이지 않았다.

오랫동안 중환자실에서 수많은 환자와 보호자들을 접했고, 이런저런 상담도 해봤다. 하지만 막상 내가 그 처지가 되어보니 정신을 차릴 수 없었다. 손이 떨리고 다리가 후들거려서 아무것도 손에 잡히지 않았다.

주치의로부터 엄마의 상황을 통보받고 결정을 내려야 하는 순간이 오는 데 채 하루도 걸리지 않았다. 엄마의 산소요구도는 최대치로 높아졌고, 패혈증(전신 염증반응 상태)으로 급히 중환자실로 옮겨졌다. 기관 내 삽관을 시행했으나 혈압은 완화될 기미가 없었다. 산소포화도가 체크되지 않기 시작했다. 투석까지 필요한 상황이었지만 낮은 혈압 때문에 시도조차 할 수 없었다. 중환자실로 온 지 몇 시간 만에 결국 "코드 블루, 코드 블루. 5층 내과중환자실 혈액내과." 방송이 전 병원에 울렸다. 가망이 없다는 것을 직감했다.

'치료를 지속할 것인가, 아니면 중지하고 작별인사를 해야 할 것인가.'

'결정의 시간'이 우리 가족에게 다가왔다. 가족들은 현실을 인정하고 싶지 않았고, 차마 생명을 포기한다는 것은 있을 수 없어 누구도 치료 중단 결정을 섣불리 내리지 못했다. 우린 그렇게라도 엄마와 마지막 끈을 놓고 싶지 않았다.

내 동료들은 우리 가족의 간절함을 아는 듯, 자신의 부모처럼 엄마를 살리기 위해 백방으로 움직였다. 약물 주입과 여러 검사를 진행했고 효율적인 소생술을 위해 일사불란하게 움직였다. 그러나 심박동은 돌아오지 않았고 엄마는 아무 말도 남기지 못하신 채 세상을 떠나셨다.

불쑥 찾아온 이별,
주저앉은 내 손을 잡아 일으켜준 건
중환자실에서 함께 일하는 동료들의 헌신이었다

나는 지금도 연명 치료 여부를 선택해야 했던 '마지막 결정의 시간'을 잊지 못한다. 오랜 시간 현장에서 공부하며 이론을 배우고 풍부한 경험을 한들, 어려운 결정인 건 매한가지였다. 연명 치료란 임종 과정에 있는 환자에게 하는 심폐소생술, 혈액 투석, 항암제 투여, 인공호흡기 착용 등 의학적 시술로 치료 효과 없이 임종 과정의 기간만을 연장하는 것을 말한다. 어떤 가족은 고통만 줄뿐 의미 없는 과정으로 여겨 연명 치료를 중단하지만, 또 어떤 가족은 적극적 치료를 하는 것으로 사랑을 표현하기도 한다. 생사의 기로에 선 가족을 떠나보내야 하는 사람들에게, 의미가 있고 없고라는 의료적 기준만이 과연 정답이 될 수 있을까.

평소 우리 가족은 엄마의 연명 치료에 대해 이야기를 나누지 못했다. 사랑하는 사람과 이별은 곧 고통이며 슬픔이기 때문에 인정하고 싶지 않았다. 하지만 이렇게 불쑥 찾아온 이별 앞에서, 조금 더 일찍 죽음을 자연의 섭리로 받아들이는 노력을 했더라면 '조금은 더 의미 있는 시간을 보낼 수 있지 않았을까.' 하는 아쉬움이 남는다.

의학이 발달한 지금, 우리는 노화나 치료의 한계로 맞이하는 죽음을 스스로 선택해야 하는 상황을 마주하고 있다. 이 때문에 미리 가족들과 대화를 통해 스스로 결정하고 마음의 준비를 하는 게 좋을 것 같다.

엄마를 보내는 과정에서 내게 힘이 되어준 것은 중환자실 동료들의 헌신이었다. 엄마를 내 가족처럼 돌보는 의료진을 통해 큰 위로를 얻었고, 엄마를 떠나보내고도 살아갈 힘을 지탱할 수 있었다. 생사의 기로에 선 환자를 돌보는 중환자실 간호사들이 할 수 있는 최선은 환자와 보호자들의 의견을 존중하며 진심 어린 위로와 최선의 치료로 묵묵히 곁을 지켜주는 것이라고 생각한다. 오늘도 나는 명쾌한 정답이 존재하지 않는 중환자실에서, 여러 사연을 안고 들어온 중환자들과 만나고 있다.

할머니는 요양원 학대 피해자였다, 난 왜 그걸 눈치채지 못했을까

좌승주 신경과 전문의 · 제주의료원 신경과장

우리 집에는 핸드메이드 수세미가 하나 있다. 오래됐지만 아직도 거품이 잘 나고 잘 닦이는 좋은 수세미다.

코로나가 오기 전의 일이다. 허리 통증이 심해 일상생활이 어려웠던 고령의 할머니 한 분이 입원하셨다. 작은 체구에 굽어진 등, 세월이 깊게 새겨진 주름과 백발. 주변에서 흔하게 마주치는 노인의 모습이었지만 대화를 나눠 보니 말씀 하나하나가 점잖고 교양이 넘쳐 나도 모르게 자세를 고치게 되는 그런 분이었다.

주위에 대한 배려가 몸에 배어 있던 할머니는 통증에도 불구하고 항상 밝은 표정과 따뜻한 인사로 의료진을 대했다. 고령의 치매 환자가 많은 신경과 병동에서 차분한 말투와 인자한 웃음으로 의료진을 맞이하는 할머니의 존재는 주위 분위기까지 밝게 바꿔 놓았다. 병실에 들어가면 항상 침상에 바른 자세로 앉아 뜨개질로 무언가를 만들고 계셨는데 그 풍경에서 일종의 평온함마저 느껴졌다. 어느 날 평소처럼 회진을 마치고 병실을 나가려는데 할머니가 주저하면서 비닐봉지 하나를 건넸다.

"참…, 과장님은 이런 거 안 쓰시죠?"

안을 보니 알록달록한 색깔의 수세미 몇 개가 들어 있었다.

"아이고, 어르신. 항상 뭐 만들고 계시던데 그게 수세미였구나…, 감사합니다. 잘 쓸게요."

할머니의 정성을 봐서 받아오긴 했지만 사실 내가 보기에 마트에서 파는 흔한 수세미와 별다를 게 없었다. 하지만 집에 와서 아내에게 수세미를 건넸더니 아내는 감탄을 했다.

"와, 핸드메이드 수세미네! 직접 만드신 거야? 엄청 정성 들여서 만드셨나 보다. 코 하나 빠진 데가 없네."

아내의 말을 듣고 다시 살펴보니 수세미가 달라 보였다. 어긋난 곳 하나 없이 한 땀 한 땀이 자로 잰 듯 반듯했다. 나중에 간호사에게 들어보니 내게 주려고 특별히 잘된 것만 골라 담아 두셨다고 한다. 그 정성을 대수롭지 않게 여겼던 스스로가 부끄러워 그 뒤론 회진 때마다 고맙다는 인사를 드렸다.

몇 개월 뒤, 다행히 경과가 좋아 할머니는 요양원으로 퇴원할 수 있었다. 퇴원 며칠 후, 나는 평소처럼 요양원을 방문했다. 할머니와 짧은 안부인사를 주고받은 뒤 돌아서려는 찰나, 갑자기 내 손을 잡았다.

"저… 과장님….”

평소답지 않은 행동에 당황했지만 내색하지 않고 웃으며 답했다. "네, 어르신. 말씀하세요. 혹시 어디 불편하세요? 허리가 다시 아프신가요?"

"아니… 허리는 괜찮아요. 그런데….”

점잖고 차분하던 평소와 다르게, 어딘가 초조한 듯한 모습이었다. 불편한 게 있지만 차마 말씀하지 못하는 것 같았다. 걱정되는 마음에 이것저것 여쭤봤지만 끝내 별다른 말씀이 없었다. 담당 간호사에게 물어봐도, 아직 바뀐 환경에 적응을 못 해 좀 불안해 하시는 것 같다는 이야기밖에는 들을 수 없었다. 무언가 석연치 않은 마음이었지만, 통증도 많이 좋아졌고 생체징후도 안정적이라 큰 걱정은 하지 않았다.

그리고 며칠 뒤 보호자를 통해 안타까운 이야기를 들었다. 그 요양원에서 요양보호사에 의한 학대 사건이 있었는데 할머니가 피해자였으며, 그로 인해 요양시설을 옮겼다는 내용이었다. 그 말을 듣는 순간, 가슴이 철렁했다. 그날, 할머니는 나에게 도움을 요청하려 했던 것이다.

기억을 돌이켜보니, 그때 학대 당사자가 같은 공간에 있어서 말을 꺼내지 못하셨던 것 같다. 내 손을 잡고 뭔가를 말하려고 했던 할머니의 표정이 떠오르면서 죄책감이 밀려왔다. 평소 작은 불

한 땀 한 땀 정갈하게 엮인 수세미를 볼 때마다 나는 생각한다
할머니의 굽은 등을, 나를 의사로 키워준 인자한 그 시선을…,

편함도 내색하지 않았던 분이 분명 뭔가를 이야기하려고 했었는데 왜 나는 대수롭지 않게 생각했던 것일까.

혼자서 며칠을 고민하다가 할머니의 새 요양시설을 찾아가기로 했다. 풍경 좋은 시골 마을에 있는 작은 요양원이었다. 죄책감과 자괴감이 뒤섞인 착잡한 마음으로 시골길을 달려 그곳에 도착했다. 난 할머니에게 사과하고 용서를 구하고 싶었다.

면회를 신청하고 할머니가 나올 때까지 기다리는 동안 속으로 많은 말들을 준비했다. 하지만 휠체어를 타고 나와 예전처럼 환하게 웃으시는 그 표정 앞에서 나는 아무 말도 할 수 없었다. 무슨 말이라도 하면 미안함에 눈물이 먼저 쏟아질 것 같았다. 말없이 고개 숙여 인사하고 서로의 안부를 확인한 뒤 한참을 그렇게 바라만 보다 결국 나는 할 말을 차마 못 하고 돌아섰다.

소의小醫는 병을 고치고, 중의中醫는 사람을 고치고, 대의大醫는 나라를 고친다고 했다. 환자들을 대하면서 병과 증상에만 집중하다 보니 나에게 어느새 '환자'는 없어지고 '병'만 남아 버렸나 보다. 내가 '소의'였음을 할머니를 통해 알게 되었다.

지금도 우리 집에는 그 핸드메이드 수세미가 있다. 색이 좀 바랬어도 여전히 거품이 잘 난다. 그 수세미를 볼 때면 할머니의 인자한 미소와 함께 그날의 복잡한 감정이 떠오른다.

"산타 선물 뭐 받고 싶어?"<br>"엄마가 울지 않는 거요."

김정환 가정의학과 전문의 · 의정부을지대병원 가정의학과 조교수

어느덧 12월. 코로나-19 전담 병동도 한 해가 저물어 간다. 그날 난 평소처럼 입원 환자들의 상태를 묻고 필요한 오더를 내기 위해 컴퓨터 앞에 앉아 있었다.

코로나 병동에는 일반 병동에선 좀처럼 볼 수 없는 장면들이 많다. 우선 코로나 환자들은 외부 출입이 통제되기 때문에 입원할 때 필요한 물건들을 본인이 직접 갖고 와야 한다. 하지만 갑작스럽게 확진돼 입원할 경우, 미처 챙기지 못해 빈손으로 오는 환자가 종종 있다. 특히 코로나 병동 특성상, 식수는 병원에서 제공하기 어려워 따로 갖고 와야 하지만 생수통 사 들고 입원하는 환자는 거의 없다. 따라서 대다수 환자들은 생수를 비롯해 꼭 필요한

생필품들을 인터넷으로 주문한다.

인터넷 주문 물품이 도착하면 병원 직원들이 코로나 병동으로 옮긴다. 간호사들은 수령환자의 이름에 따라 물품을 재분류한 다음, 레벨 D 방호복을 입고 하나하나 환자들에게 나눠 준다. 이런 일은 매일매일, 어떤 때에는 하루 두 차례 이어지기도 한다. 처음엔 '의료진이 이런 일까지 해야 하나' 생각도 들었지만, 이젠 아주 익숙한 작업이 되어버렸다.

그날도 어김없이 환자들이 주문한 택배 물품이 병동에 도착했다. 물품 분류와 전달은 신참 간호사가 맡았다. 환자별로 가지런히 분류작업을 하던 그 간호사는 한 택배 물품 앞에서 일을 멈추고 선배 간호사를 불렀다. 물건을 받는 사람은 여섯 살 꼬마 코로나 환자였고, 물건을 주문한 사람은 역시 함께 입원해 있는 그 아이의 엄마였다. 아들과 엄마가 코로나에 동반 감염된 경우로, 아이의 열이 잘 떨어지지 않아 엄마까지 같은 병동, 같은 호실에 나란히 입원하게 됐다.

아이 앞으로 도착한 택배 물건은 다른 환자들이 주문한 물건과는 확실히 달랐다. 생수도 아니었고 비누, 치약, 칫솔과 같은 생필품도 아니었다. 불투명한 회색 비닐에 담겨 있어 내용물을 알 수는 없었지만, 감촉만으로도 환자들에게 일반적으로 배달되는 택배물건은 아니라는 느낌이 들었다. 장난감 같았다.

환자 앞으로 온 택배물건은 바로 전달하는 게 원칙이다. 하지만 신참 간호사는 뭔가 특별한 물건 같다는 직감이 들어 선배 간호사에게 물었고, 결국 아이 엄마한테 조용히 따로 물어본 후 전달하기로 하였다. 바로 며칠 후가 크리스마스였기 때문이다. 만약 엄마가 병원에서 성탄을 맞게 된 아들을 위해 몰래 마련한 산타의 선물이라면, 택배 봉투째로 간호사가 전달해선 안 되지 않나. 신참 간호사의 빛나는 센스였다.

가장 나약하고, 가장 절실하게 소원을 비는,
지혜로운 산타가 그들의 병실에 꼭 다녀가기를

그때 내 머릿속엔 3~4년 전 병원 지하 편의점에서 만났던 한 아이 환자와 엄마의 모습이 오버랩됐다. 털모자를 푹 눌러쓰고 환자복을 입은 여자아이는 과자를 고르고 있었고, 아이 뒤엔 엄마가 서 있었다. 매대 앞에서 한참을 서성이던 아이는 어떤 과자도 고르지 못한 채 고개를 푹 숙이고 말았다. 엄마는 아이에게 물었다.

"왜? 먹고 싶은 과자가 없어?"

"산타 할아버지가 병원까지 못 오시잖아. 난 이번 크리스마스에는 산타 선물을 못 받을 거예요."

엄마는 아이의 머리를 쓰다듬으며 말했다. "아니야, 산타 할아버지가 꼭 선물을 주실 거야. 병원에도 오실 수 있어."

하지만 아이는 여전히 시무룩한 표정이었다.

"정말이야. 산타 할아버지는 선물 주러 꼭 오신다니까."

그제야 아이의 얼굴엔 미소가 돌기 시작했다. 엄마는 아이에게 물었다. "올해 크리스마스엔 무슨 선물을 받고 싶은데?"

아이는 웃으며 말했다.

"엄마가 울지 않는 것."

고개를 돌린 엄마의 눈은 벌겋게 변해 있었다. 애써 울음을 참아낸 엄마가 다시 돌아서서 아이를 꼭 끌어안으며 말했다.

"응, 엄마 이제 안 울어."

그렇다. 산타는 이렇게 언제나 우리에게 가장 필요한 선물을 나눠 줬다. 어린 시절 그 선물은 신나는 장난감이기도 했고, 갖고 싶은 어떤 물건이기도 했다. 그리고 때론 '희망'이나 '의지'처럼 돈으로 살 수 없는 귀중한 것들이기도 했다.

코로나와 함께한 두 번째 크리스마스를 맞았다. 정말로 산타와 산타의 선물이 절실함을 느낀다. 가장 나약하고, 가장 절실하고, 가장 낮은 자리에서 빛나는 그런 선물 말이다. 코로나 병동에 입원해 있는 환자들, 일반 병동 환자들, 그리고 함께 힘들어하는 많은 환자의 가족들…. 진정 따뜻한 손길과 말 한마디가 간절한 이들에게 고통을 나누는 지혜와 온정이 산타의 선물처럼 전해지기를 소망한다. 그리고 내년 크리스마스엔 꼭 '코로나 종식'이라는 선물이 도착하기를 기원한다.

코로나 봉쇄 속 손목 골절 아이 위한
'특별치료 작전'

이윤경 간호사 · 가천대길병원 정형외과 외래 수간호사

코로나-19 초기 방역조치가 엄격했던 시기의 일이다.

그날도 콜센터를 통해 전화벨 소리가 빗발쳤다. 외래진료를 왔다가 호흡기 증상과 열이 있어 외래 통제소에서 선별진료소로 안내받은 환자들의 문의 전화였다. 외래진료는 코로나-19 증상과 무관해야만 받을 수 있었다. '열만 나는데 왜 진료를 못 받게 하느냐.' '감기라 목만 아픈데 왜 못 들어가게 하느냐.' '콧물만 나는데 환자를 거부하는 것이냐.' 등등 항의가 쇄도한 것이다.

계속된 문의 전화로 지쳐 있을 때쯤 또 한 통의 전화가 걸려왔다. 환자 보호자에게서 온 전화였다. 현재 외래 치료 중이지만 확진자와 동선이 겹쳐 자가격리 대상이 되는 바람에 진료를 올 수

없게 되었는데 어떻게 해야 할지, 집에서 처치할 만한 방법이 있는지 간절하게 묻고 있었다.

문제는 그 환자가 손목 골절로 외부고정 수술을 받은 어린아이란 사실이었다. 아이는 금속 핀 3개가 손목 외부로 노출되어 있어 드레싱을 계속하지 않으면 감염 위험이 큰 상황이었다. 어린아이의 손에 금속 핀이 박혀 움직이는 것조차 조심스러운 상태에서 병원도 갈 수 없게 되었으니, 엄마 마음은 타들어 갔을 것이다. 통화 내내 내 마음도 막막했다.

"우리 애 좀 살려주세요. 이러다 감염이라도 되면 어떡해요. 뼈는 잘 고정되어 있을까요. 혹시 뼈가 틀어지지는 않았겠죠. 우리아이는 어떻게 해야 하죠…?"

전화기 너머로 들려오는 엄마의 음성은 젖어 있었다. 울먹이며 "우리 아이는 확진자가 아니잖아요."라고 말하는 엄마의 목소리에 내 가슴은 쿵 하고 무너지는 듯했다. 도저히 그냥 넘길 수 없었다. 금속 핀이 박힌 아이의 팔도 자꾸 어른거렸다. 어떻게든 방법을 찾고 싶었다.

그때만 해도 자가격리면 모든 걸 멈춰야 하는 줄 알았다. 보호자에게 잠시 뒤 다시 연락을 드리겠노라고 약속한 뒤 전화를 끊었다. 내 마음은 바빠지기 시작했다. 우선 관할 보건소와 감염관리실에 문의했다. 그랬더니 '자가격리 대상자라 하더라도 치료 목적의 진료는 방역지침 준수하에 가능하다'는 답이 돌아왔다.

진료는 가능했다! 하지만 많은 환자가 오가는 외래에서 문제는 그리 간단하지 않았다. 지금이야 응급진료는 응급실에서 응급 코로나 검사를 시행 후 받을 수 있지만 코로나-19 초기 시절에는 달랐다. 외래에서 치료해야 하는 자가격리 대상자는 음압치료실 내에서 타 환자와 동선이 겹치지 않도록 응급실과 협조해 환자가 가장 적은 시간대를 정한 다음, 해당 과의 의료진이 대기하고 환자가 내원하면 진료를 진행했다. 하지만 호흡기 증상과 열이 발생하는 환자와 중증도가 높은 환자를 진료하는 응급실은 이들만으로도 이미 인산인해여서, 코로나 확산세가 심해진 뒤론 더이상 응급실에 외래 환자를 보낼 수가 없었다.

많은 것을 앗아간 코로나-19 바이러스
의료진의 헌신성만은 무너뜨리지 못했다

다른 방도를 고민해야 했다. 감염관리실(병원마다 설치된 코로나 진료 컨트롤타워)에 다시 한번 확인했다. 병원 직원들의 도움이 필요했다. 하지만 모두가 극도의 긴장 속에서 근무하던 터라, 말을 꺼내기조차 쉽지 않았다. 어렵사리 교수님에게 아이 상황을 설명하자 흔쾌히 진료를 승낙해 주셨다. 우리 계획은 외래진료가 모두 끝나고 환자가 없는 시간에 아이 진료를 진행하는 것이었다.

외래진료가 끝나자마자 드레싱 및 치료를 위한 준비를 시작했다. 동선을 최소화하기 위해 영상의학과에 요청, 아이만을 위해 준비된 촬영실에서 골절된 손을 촬영했다. 진료실에서는 의료진이 4종 보호구를 착용한 후 진료를 진행했다. 보호구로 감싸인 우리의 모습을 본 아이는 겁을 잔뜩 먹었고, 자신의 손에서 거즈를 한 장 한 장 벗길 때마다 울기 시작했다. 다행히 수술 부위는 깨끗했고 영상으로 보이는 뼈도 잘 붙어가고 있었다.

소독하는 동안 아이도 울고 엄마도 울었다. 아무것도 모르는 아이는 무섭고 두려워 울었고, 옆에 있던 엄마는 이럴 수밖에 없는 상황이 안타까워 울었을 것이다. 코로나-19만 아니었다면 그저 평범한 한 명의 환자였을 텐데…. 진료가 무사히 끝나자 다들 안도의 숨을 내쉬었다. 진료를 마친 아이의 손에 잘했다며 막대사탕을 쥐어주시던 교수님의 미소를 보며 비로소 어머니의 얼굴에도 미소가 피어올랐다. 어머니는 연신 감사 인사를 전했고, 우리 의료진도 그제야 마음 편안하게 웃을 수 있었다.

그렇게 그 아이의 '드레싱 작전'은 잘 마무리됐다. 지푸라기라도 잡고 싶은 심정에 엄마는 우리에게 전화를 줬고, 우리 의료진은 한마음으로 어떻게든 방법을 찾아내 결국 아이를 치료했다.

코로나-19가 벌써 3년째다. 가슴 아픈 장면, 화나는 장면이 많았고 힘들고 지칠 때도 많았지만, 그래도 그 아이를 치료했던 건 가장 소중한 기억으로 남아 있다. 너무도 많은 것을 잃게 만든 코로나-19이지만, 우리의 이해와 배려까지 앗아가지는 못했다.

폐렴으로 죽을 뻔했던 아들,
아버지에 간 이식할 사람은
아들뿐이었지만…,

송태준 소화기내과 전문의·서울아산병원 소화기내과 교수

어린 군인이 응급실에 실려 왔다. 폐렴이었다. 초보 딱지를 막 뗀 전공의로서 자신감이 넘치던 나는 폐렴쯤은 금방 치료할 거라고 믿었다.

하지만 상황은 예상과 달리 녹록지 않았다. 그 군인 환자는 훈련소에 있다 와서인지 군기가 바짝 들어 있었다. 묻는 말마다 "괜찮습니다!"라고 씩씩하게 대답했지만 산소포화도는 점점 떨어지고 엑스레이 결과 폐는 하얗게 변해 입원한 지 하루 만에 인공호흡기를 달아야 했다. 100% 산소를 줘도 산소포화도가 유지되지 않아 저체온증이 올 때까지 체온을 떨어뜨려야 했다. 각종 항생제와 항진균제까지 쏟아부었으나 상태는 점점 더 나빠졌다.

외국 출장 중이던 환자의 아버지가 급히 귀국해야 할 만큼, 상황은 절박하게 돌아가고 있었다. 담당 교수님과 내가 환자 가족들에게 할 수 있는 말은 "마음의 준비를 하셔야 할 것 같습니다."가 전부였다. 환자 가족에겐 청천벽력이었다. 애지중지 키운 아들, 젊고 건강한 아들을 군대에 보냈는데, 느닷없이 '마음의 준비'라니! 전쟁터에 투입된 것도 아니고, 훈련 중 사고가 난 것도 아닌데, 폐렴 때문에 아들을 보내야 한다니! 의사로서 그저 환자와 보호자에게 미안한 마음뿐이었다. 처음에 가졌던 나의 자신감은 완전히 사라져 버렸다.

온갖 검사를 했지만 원인을 찾을 수 없었다. 그러던 중 1970년대 미국 군부대에서 '아데노 바이러스'에 의한 폐렴이 젊은이들에게 집단 발생했다는 자료를 찾았다. 아데노 바이러스는 소아에게서는 종종 감기 같은 증상을 일으키지만, 성인에겐 폐렴을 일으키는 경우가 거의 없기 때문에 미처 생각지도 못했다. 급하게 아데노 바이러스 검사를 시행했다. 아니나 다를까, 결과는 양성. 예전에는 사망률이 50%가 넘을 만큼 치명적이었지만, 이후 아데노 바이러스에 대한 항바이러스 주사가 개발돼 완치율이 높아졌다.

본격적인 치료가 시행됐다. 환자의 상태는 기적처럼 좋아지기 시작했고, 한 달 만에 인공호흡기도 제거할 수 있었다. 기도에 삽입했던 튜브를 제거한 날은 12월 24일, 크리스마스이브였다. 환자 가족들에게도 내게도 결코 잊을 수 없는 크리스마스 선물이었다. 환자를 살릴 수 있어 다행이었지만, 내겐 의사로서 교만만큼 위험한 것이 없다는 걸 깨닫게 해 준 시간이었다.

얼마 후 나는 다른 진료과로 가게 되었고, 그 군인 환자도 많이 회복해 일반병실로 옮길 수 있었다. 퇴원하기 전 휠체어를 타고 내가 일하는 병동으로 놀러 오기도 했다. 1년 후, 환자는 건강한 모습으로 나를 찾아왔다. 유학을 떠나게 되어 인사차 들렀다고 했다. 나는 건강하게 잘 다녀오라는 당부와 함께 그의 두 손을 꼭 잡아주었다.

> "우리 다시는 만나지 마요,
> 건강하게 잘 지내시면 돼요."

나도 뒤늦게 군대를 갔다. 군의관은 편할 거라고 생각하지만, 훈련소 기간만큼은 피눈물 나는 훈련을 받는다. 그러다 나도 훈련소에서 환자가 됐다. 발목이 부러져 3주간 목발을 짚고 다녀야 했다. 내가 군대에서 환자 신세가 되니, 한동안 잊고 있던 그 군인 환자가 생각났다. 유학 생활을 건강하게 잘 하고 있으려나.

제대 후 소화기내과 전임의를 시작했다. 회진을 돌던 어느 날, 한 병실에서 낯익은 얼굴을 만났다. 그 군인과 가족들이었다. 이번엔 환자와 보호자가 바뀌어 있었다. 아버지가 원래 간이 좋지 않는데 안타깝게도 간암으로 입원한 것이었다.

간암의 가장 좋은 치료법은 간이식이다. 유일하게 간을 줄 수 있는 사람은 아들이었다. 하지만 그는 폐렴 이후 폐가 좋지 않아 긴 수술을 견딜 수 없었다. 가족들 역시 그걸 원치 않았다. 아들의 건강 상태와 과거 치료 과정을 누구보다 잘 알고 있었기에 나역시 더는 간이식 얘기를 꺼낼 수 없었다. 오래도록 기억에 남았던 그를 만난 건 무척 반가웠지만, 가슴 아픈 재회였다.

간이식 대신 그의 아버지에겐 간동맥 색전술을 시행했다. 아버지가 퇴원하던 날, 나는 마음속으로 기원했다. '다시는 이 가족을 환자로 만나지 않았으면 좋겠다. 이 사람들이 큰 병을 겪지 않고 행복하게 잘 지냈으면 좋겠다.'

아는 사람을 환자로 다시 만나는 건, 의사로서 가슴 아픈 일이다. 아무리 보고 싶은 사람이라도 환자 혹은 보호자로 마주하면 마음이 좋지 않다. 특히 치료받고 퇴원했던 환자를 염증 재발 등으로 응급실 같은 곳에서 다시 마주하게 되면, 내가 잘못하고 있는 건 아닐까 하는 죄책감이 들기도 한다.

치료가 잘 끝나 건강해진 환자에게 "수고 많으셨습니다. 이제 더이상 안 오셔도 돼요. 혹시라도 증상 있으면 그때 오세요."라고 말하면 환자들은 기쁜 얼굴로 십중팔구 이렇게 답한다. "선생님, 정말 너무너무 고맙습니다. 다음에 또 뵈어요."

그때마다 나는 손사래를 치며 말한다. "큰일 날 말씀. 우린 다시 보면 안 돼요. 건강히 잘 지내세요."

겁에 질린 엄마
"혹시 난치병인가요?"
검색이 낳은 '두려움병'

최연호 소아청소년과 전문의 · 삼성서울병원 소아청소년과 교수

병원에 찾아와 아이가 희소병을 앓고 있는 건 아닌지 묻는 엄마들이 있다.

첫 번째 사례다. 한 엄마가 채 두 돌도 되지 않은 아기를 데리고 근심 가득한 얼굴로 나를 찾아왔다. 애가 대변을 못 본다는 것이다. 닷새 만에 본 변은 어른의 것만큼 크고 딱딱했다고 한다. 항문은 찢어졌는지 피가 묻어 있었고, 아이는 양다리를 꼭 붙인 채 끙끙거렸다. 대변을 보게 해주려고 뒤로 안아 다리를 벌려주면 소스라치게 놀라 울었다. 엄마는 내게 물었다.

"혹시 선천성 거대결장증 아닌가요?"

도대체 엄마는 어떻게 아이가 이름조차 생소한 이 병을 안고 태

어났다고 생각하게 된 걸까. 인터넷이었다. 아이가 계속 변을 못 보니까 엄마는 인터넷 검색을 해봤다. 검색창에 '소아 만성 변비'라고 쳤더니 '선천성 거대결장증'이라는 병을 의심해야 한다는 글이 눈에 띄었다. 수술을 받아야 하는 중병인데, 증상이 변비로 시작한단다. 자세히 보니 몇몇 증상이 자기 아이랑 똑같았다. 걱정이 밀려왔고 엄마는 서둘러 병원에 오게 된 것이다.

또 다른 사례가 있다. 국민의 20~30%가 가지고 있는 과민성 대장증후군은 병이 아니면서 잦은 복통과 설사 혹은 변비가 있는 것이 특징이다. 어른들이야 자신 판단으로 큰 병이 아닌 걸 확신하므로 참고 생활하지만, 아이가 만성으로 복통과 설사를 한다면 얘기는 달라진다. 아이는 학교에서 설사라도 할까 봐 불안해서 아침이나 점심식사를 종종 거른다. 이로 인해 체중도 빠진다.

엄마가 아이의 증상을 검색해봤다. 그랬더니 영락없는 '크론병'이다. 크론병은 희귀병이다. 공포에 사로잡힌 엄마는 아이 손을 잡고 병원으로 달려왔다.

어디 이 사례뿐이랴. 열이 나고 머리가 아프면 뇌막염보다는 감기일 확률이 훨씬 높다. 하지만 인터넷을 검색하면 나쁘고 중한 병만 최고 순위에 올라가 있어 눈에 잘 띈다. 그러다 보니 모두가 다 희귀병이다.

오른쪽 아랫배가 아프면 맹장염(충수돌기염)을 의심해야 한다는 건 이제 전 국민의 상식이 됐다. 충수돌기염이 우하복부 통증을 동반하는 것은 맞지만, 우하복부 통증이 다 충수돌기염은 아니다. 특히 아이들의 경우 오른쪽 아랫배에는 장임파선이 잘 발달되어 있어서 바이러스 질환일 때 쉽게 붓고 아프다. 그래도 조금만 기다리면 감기처럼 다 낫는다. 하지만 만약 충수돌기염이고 자칫 맹장이 터지면 복막염이 되어 고생한다는 잠재적 위험성 때문에 쓰지 않아도 될 항생제와 여러 검사가 처방된다.

의사도 배 아픈 환자에게 충수돌기염의 가능성을 설명하지 않을 수 없다. 아닐 확률이 높다고 하더라도 만에 하나 진단을 놓치면 그 비난이 두렵기 때문이다.

모든 게 다 미래에 대한 '두려움' 때문에 생기는 해프닝이다. 병에 관한 전문가인 의사도 두렵기는 매한가지다. 아픈 당사자인 환자는 당연히 두렵고 가족도 두렵지만, 의사도 진단이 애매할 경우 두려움을 느낀다.

옆집 아이가 폐렴에 걸려 입원했다. 우리 아이를 보니 감기 기운이 있고 미열도 난다. 엄마는 불안해진다. 가벼운 감기면 괜찮지만, 옆집 애가 폐렴이라는데 혹시 우리 아이도? 입원하게 되면 직장에 휴가도 내야 하고 여러 스케줄이 꼬인다. 바로 병원에 아이를 데려간다. 의사가 보기엔 목감기여서 특별한 치료가 필요 없다고 했지만, 엄마는 폐렴이 되면 어떻게 하느냐고 계속 묻는다. 엄마가 우기니 의사도 불안해진다. 두 사람은 센 약을 미리 쓰기로 합의한다. 그래서 바이러스 질환에는 무용지물인 항생제가 처방된다.

문제는 다음부터다. 두 어른은 만족했지만, 항생제를 먹는 사람은 아이다. 어려서부터 잦은 항생제 노출은 내성을 조장하고 나중에 정말 항생제가 필요할 때 사용을 못 할 수도 있다. 결국 어른들의 두려움으로 인한 피해자는 아이가 된다.

넘치는 의학 정보, 불안과 걱정에 가속도를 붙이다

사람들은 네거티브 정보에 더 예민하게 반응하기 마련이다. 진화의 역사가 말해주듯, 인간은 생존을 위해 두려워하고 늘 조심하며 자신의 생명을 챙기는 일에 시간을 아끼지 않는다. 병을 앓고 치료를 받은 누군가는 그 경험담을 인터넷에 올린다. 한데 사람들에게는 호전된 경우보다 나빠지거나 고생했던 사연이 더 많이 노출된다. 나쁜 얘기는 날개 달린 듯 잘도 퍼져 나간다.

'선천성 거대결장증' 얘기로 돌아가 보자. 소아 변비는 항문 통증이 두려워 변을 보지 않으려고 하는 아이의 자연스러운 생존전략이다. 장기간 변을 묽게 만들어 좋은 경험을 쌓도록 해줘야 아이의 두려움은 해소된다. 하지만 어른들은 눈앞의 아이 모습에만 반응해 항문을 자극하거나 관장을 해서 아이의 공포만 배가시킨다. 아이에겐 트라우마가 된다.

어른에게는 아이의 공포는 보이지 않고, 인터넷에 나오는 선천성 거대결장증만 무섭다. 선천성 거대결장증을 검사하려면 또다시 아이의 항문에 관을 넣고 조영제를 투여하거나 조직검사를 해야 한다. 그러지 않아도 항문이 공포인 아이에게 그보다 더한 트라우마는 없다. 악순환이다.

나의 두려움은 다시 남에게 전이되고 누군가 피해를 보게 돼 있다. 그 누군가가 내가 가장 사랑하는 사람일 수도 있는데 우리는 그것을 예견하지 못한다. 정보화 시대에 모든 것이 빨라져 편해졌지만, 홍수처럼 쏟아지는 정보와 변화의 속도는 사람들의 시각이나 생각마저 가속도가 붙게 만들어 우리 일상은 늘 불안과 걱정이 넘친다. '두려움병'은 그렇게 탄생됐다.

유명연예인의 극단적 선택,
'베르테르 효과'로
그 우울증 환자는 끝내…,

백종우 정신건강의학과 전문의 · 경희대학교 의과대학 교수

매우 추운 겨울날, 한강에 몸을 던졌던 20대 초반 여성이 응급실로 실려 왔다. 담요를 덮어주고 전기난로도 켰지만 그는 계속 몸을 떨었다. 이것저것 물어보았으나 한 문장도 제대로 구사하지 못했다. 유일한 직계가족인 아버지를 만나 들어보니, 그는 조현병 환자였다.

생계를 위해 한번 일을 나가면 한참 시간이 지나 집에 돌아올 수밖에 없었던 아버지는 아픈 딸을 위해 어떻게 대처해야 하는지 알지 못했다. 몇 년간 방에서만 혼자 보내던 그는 죽어야겠다는 생각에 한강으로 가 몸을 던졌다가 스스로 다시 나왔고, 이를 본 시민의 신고로 병원에 오게 된 것이다.

아버지를 설득해 입원 절차를 거치고 치료를 시작했다. 한 달쯤 지났을 때 그에게 "그때 어떻게 해서 물에서 나올 수 있었어요?"라고 물었다. 그는 "추워서요."라고 짤막하게 답했다.

2개월쯤 지나자 망상과 환청은 거의 없어졌다. 하지만 그에게서는 도무지 삶의 의욕을 찾아볼 수 없었다. 상황에 대한 적절한 대답을 듣기도 어려웠다. 그해 우리가 본 조현병 환자 중에서 가장 심한 상태였다.

아버지의 요청으로 퇴원을 하게 됐지만, 주치의인 전공의는 걱정을 많이 했다. '포기하지 않고 치료하다 보면 꼭 기회가 온다'고 말하면서도 조마조마한 건 마찬가지였다. 의외로 환자는 꼬박꼬박 외래를 찾아왔다. 다행이었다. 정신사회 재활시설도 소개받아 다니기 시작했다.

그렇게 3년이 지났고 어느 날 그가 웃으며 내 방으로 들어왔다. "교수님, 저 취직됐어요." 그는 지금까지도 그 직장에서 정규직으로 5년째 일하고 있다. 그가 오는 날은 치료하는 의사도 함께 웃게 된다. 점차 넓어지는 일상의 소소한 행복들을 진료할 때마다 우리에게 알려준다. 자살 위기를 겪은 사람이 달라질 때 정신건강의학과 의사는 가장 행복하다.

물론 그렇지 못한 경우도 반드시 온다. 1998년 의사 1년차를 시작한 이후 모두 10명의 환자를 잃었다. 한 선배 의사는 자살로 잃은 환자의 차트를 한편에 모아놓고 지금도 틈날 때마다 본다고 한다. 정신건강의학과 의사에게 환자의 자살은 가장 큰 트라우마다.

우리는 흔히 조현병 하면 누구를 다치게 한 기사를 먼저 떠올린다. 물론 핵가족화로 방치되는 조현병 환자가 늘어나면서 사건 사고가 증가한 건 부정할 수 없다. 그러나 더 많은 환자들이 다른 누군가를 해치기보다는, 어디선가 스스로 목숨을 끊는 것이 현실이다. 국내 정신장애인의 자살률은 일반인의 7배 수준이다.

또 다른 환자가 있다. 그를 처음 본 건 음독자살을 시도하고 실려 온 응급실에서였다. 산후우울증이 의심됐다. '지금은 상상하기 어렵겠지만 좋아질 수 있다'고 얘기해줬고, 무사히 퇴원했다. 하지만 1년쯤 지났을 즈음, 그 환자가 병원으로 전화를 걸어왔다. 그는 다짜고짜 베란다에서 뛰어내리겠다고 말했다. 옆에 있던 당직 의사에게 112와 119에 신고해 달라고 요청하면서 나는 계속 통화를 이어갔다. 경찰과 소방의 도움으로 구조된 그는 두 번째 입원을 했다. 이후엔 훨씬 나아져서 원하던 공부도 시작했다. 2년을 잘 유지하고 치료도 종결했다.

그러다 2008년 9월 그를 다시 만났다. 힘든 일이 있었고 다시 증상이 생기기 시작했다고 토로했다. 어렵겠지만 두 번을 이겨낸 경험을 이야기하며 다시 시작해보자고 설득했다.

그런데 하필 그해 10월 유명연예인의 극단적 선택이 있었다. 그때만 해도 언론은 베르테르 효과에 대한 인식이 없었고 삽화까지 그려가며 자살 수단을 방송했다.

그 환자는 더이상 진료에 올 수 없게 됐다. 이렇게 해서 나는 첫 외래환자를 잃었다. 유가족 면담은 눈물바다였다. 어머니의 죽음에 대해 나중에 알게 된 아이의 우울증도 심하다는 이야기까지 들어야 했다.

유가족의 고통에 비할 바는 아니지만, 의사도 괴롭다. 머릿속에서 내가 그때 무엇을 잘못했을까 하는 생각이 꼬리에 꼬리를 물고 이어진다. 스스로 의사 자격이 있는지 끊임없이 물었다. 의사가 불안에 휩싸이면 다른 환자에게는 자살에 대한 질문 자체를 피하는 상황마저 생긴다. 의사도 트라우마의 심연에서 빠져나오려면 도움이 필요한 건 똑같다.

바로 그 순간,
한 사람이 옆에 있어 한 줄기 끈이 되어준다면…,

시간이 흐르면서 나는 진료실 안에서 진료만 한다고 한 사람을 살릴 수 없다는 걸 알게 되었다. 한 아이를 키우는 데 온 마을이 필요하다는 이야기는, 마음의 위기에도 그대로 적용된다. 한 명의 환자가 자신의 삶을 살아가는 데는 정신과 의사의 치료뿐 아니라 우리 사회 전체의 노력이 필요하다.

우리는 모두 연결되어 있다. 특히 가족의 힘이 약해진 핵가족 사회에서는 더하다. 한 명의 사례관리자의 헌신이, 언론의 기사

한 줄에 쓰인 언어가, 그리고 법과 제도에 쓰인 한 문장이 누군가를 살릴 수도 있고, 그 반대가 될 수 있다.

자살을 생각하는 사람들은 평균 4개의 복합적 이유로 절망상태에 빠진다. 건강하던 누구라도 이 위기에 빠질 수 있다. 절망상태에 빠진 사람들은 고통을 끝낼 유일한 방법이 자살이라고 생각한다. 모든 관계의 끈이 단절되어 스스로 고립된 점과 같은 상태라고 여긴다.

바로 그럴 때 한 사람이 옆에 있어 희망의 끈이 이어지면 한 사람이 산다. 나 역시 우울증을 알리고 자살을 예방하는 일을 하는 과정에서 고마운 사람들을 만나면서 얻게 된 확신이다. 우리 모두는 누군가에게 그 한 사람이 되어 줄 수 있다.

PART 7

그에게 소리치고 싶었다.
왜 이제야 병원에 왔냐고. 이 동네 여자들은
검진을 통해 손톱보다 작은 암도 조기 발견한다고.
그날의 눈물 이후 나는 불평등을 연구하는
경제학자가 되었다.

"배… 고… 파…"
의식불명 다섯 살 꼬마는
힘겨운 사투를 이겨냈다

전영훈 신경외과 전문의 · 부천21세기병원 원장

2002년, 신경외과 수련을 처음 시작하던 그 당시엔 '100일 당직'이라는 관행이 있었다. 꼼짝없이 병원에 묶인 상황에서, 외부와 연락할 방법은 오직 핸드폰뿐이었다. 그런데 당직을 시작한 지 얼마 되지 않았을 때 응급환자 콜을 받고 8층에서 1층 응급실까지 급히 뛰어 내려가던 중 난간에 부딪히며 그만 핸드폰이 부서지고 말았다. 그 바람에 나는 졸지에 가족, 지인들과 연락 두절 상태가 되어버렸다.

어느 날 병원 직원이 나를 다급히 찾아와 말했다.

"댁에서 선생님과 연락이 되지 않는다고 병원으로 전화가 왔는데요. 아버님께서 위독하신 거 같습니다. 저희가 일단 구급차를

댁으로 보냈습니다."

병원에서 보내준 구급차를 타고 응급실에 도착하신 아버지는 나를 향해 미소 지으며 고개를 끄덕이셨지만 곧 심정지가 왔고, 동료들과 함께 필사적인 심폐소생술을 시행했음에도 끝내 황망히 돌아가시고 말았다.

내게 연락이 닿지 않아 애태우며 흘렀을 시간, 그 때문에 아버지의 골든타임을 놓친 것은 아닐까. 부서진 핸드폰과 그 모든 상황이 내겐 회한이 되어버렸다. 사랑하는 사람을 무력하게 떠나보낸 상실감과 자책이 날 휘감고 있었다. 그러나 다행이라고 해야 할까, 아니면 불행이라고 해야 할까. 신경외과 레지던트의 살인적인 업무량과 육체 피로는, 난생처음 겪어보는 비현실적인 상실감을 차츰 무디게 만들었고, 나는 그냥 그렇게 하루하루를 버텨내고 있었다.

어느 날 아침이었다. 브리핑 후 잠시 숨을 돌리고 병원 1층 로비를 걷고 있었다. 거울을 보진 않았지만 슬픔에 젖고 피곤에 절었던 내 표정은 무척이나 무거웠을 것이다. 그런데 맞은편에서 밝은 얼굴로 걸어오던 다섯 살 정도 여자아이가 보였다. 예쁜 얼굴에 나 있는 상처 자국이 마음 아프다고 느끼며 바라보고 있었는데, 나를 발견한 그 아이가 너무도 예쁜 미소와 함께 달려와 와락 내 품에 안겼다.

한순간 어안이 벙벙했다. 다행히 그 뒤에서 나를 향해 웃는 아이의 부모님을 보고는, 이 아이가 중환자실에 의식불명으로 누워 있던 그 아가였음을 알아차렸다.

아버지의 장례식이 끝나고 얼마 후였던 것 같다. 응급실에 피투성이가 된 여자아이가 실려 왔다. 교통사고였다. 뇌좌상과 뇌부종, 안면골절이 복합되어 있었고 의식이 없었다. 부모님들은 눈물 범벅이었다. 그 부모님의 참담한 심정은 아이 가진 부모라면 누구라도 짐작할 수 있으리라.

촌각을 다투던 아이의 상태에 응급실은 순식간에 아수라장이 되었다. 간호사들은 아이의 생체징후를 체크했고, 나는 호흡 확보를 위한 기관 삽관을 최우선으로 진행했다.

응급실에서 바이탈을 잡은 후 중환자실로 옮겨 뇌압 강하를 위한 치료를 시작했다. 뇌압이 성공적으로 조절되지 못하면 뇌 연수에 있는 호흡과 심장박동 중추가 손상되어 결국 심장이 멈추게 된다. 의식조차 없이 병상에 누운 이 조그만 아이는 힘겨운 사투를 벌이고 있었다.

그렇게 여러 날이 지났다. 아이는 여전히 의식을 찾지 못한 채 누워만 있었다. 나는 아이가 너무도 안쓰럽고 신경 쓰여 밤에도, 새벽에도 중환자실을 지키며 수시로 들여다보았다. 그러던 어느 밤이었다. 혼자서 아이의 침상 곁에 서있는데 아이가 입술을 힘겹게 달싹거리는 듯한 느낌이 들었다. 혹시나 하는 마음에 나는 "손을 잡아 볼래?" 하고 말을 건넸다. 순간 그 작은 손에서 미약하지만 확실한 악력이 전해져왔다.

의식이 돌아온 것이다. 나는 서둘러 기관 삽관을 제거했다. 그러고는 아이 얼굴에 숨죽이며 귀를 기울이자, 아이가 들릴락말락한 소리로 말을 했다.

"배…, 고…, 파."

눈물이 왈칵 쏟아졌다. 내가 그 아이를 지켜낼 수 있었다는 사실이 가슴 벅차고 한없이 감사했다. 그날 밤 아이가 깨어나던 순간을 나는 지금도 잊지 못한다.

중환자실에서 충분히 기운과 안정을 찾은 아이는 이후 성형외과 주치의에게 보내졌다. 하지만 당시 아이 얼굴이 외상에 의해 심하게 부어있는 상태였기 때문에, 나는 그 얼굴을 제대로 모르고 있었다. 병원 복도에서 아이가 달려와 나를 와락 끌어안았을 때 몰라봤던 것도 그런 이유 때문이었다.

> "아가야.
> 한없이 따스했던 그 위로가 없었다면
> 지금의 나는 어떻게 되었을까?"

우연히 다시 만난 아이가 나를 먼저 알아보고 안아주던 그 순간, 내 전신을 휘감아오던 강렬하고 따뜻했던 느낌을 어떻게 설명해야 할까? 그건 마치 아버지의 갑작스러운 죽음과 그걸 막지 못했다는 죄책감에 쓰러질 듯하던 나를 그 아이가 다정하게 일으켜 세워 위로해주는 듯한 느낌이었다.

슬픈 기억으로 괴로웠던 100일 당직 속에서 나는 그렇게 다시 일어서서 신경외과 의사로 성장해 나갔던 것 같다. 이후로도 환자들을 보며 수많은 생과 사의 경계를 마주했지만, 신경외과 의사 초년 시절 아프고 간절한 마음에 모든 정성을 쏟아부어 돌봤던 그 아이에 대한 기억은 나에게 매우 특별한 의미가 되었다. 20여 년 의사생활 동안 힘든 일이 있을 때면 이 작고 따뜻했던 포옹의 기억이 나를 격려해주곤 했다.

아이도 이제는 어엿한 어른이 되었을 것이다. 그 예쁜 미소를 어른이 되어서도 잃지 않았으면 좋겠다. 한껏 사랑하고 사랑받으며, 건강하고 행복하게 지내기를 진심으로 기원한다.

"아가야. 너는 내가 널 지켜주었다며 달려와 안아주었겠지만, 사실은 네가 나를 일으켜 세워준 거란다."

'수술을 말렸어야 했는데,' 환자 배 속에 들러붙은 장을 보는 순간 후회가 밀려왔다

서원준 외과 전문의 · 고려대구로병원 위장관외과 임상조교수

"수술받으시다가 혹은 수술 후 회복하지 못하고 돌아가실 수도 있습니다."

환자는 복부를 가득 채운 종양과 함께 나를 찾아왔다. 나는 어쩔 수 없이 수술할 수밖에 없고, 수술 중 혹은 수술 후 돌아가실 확률이 높음을 환자에게 설명했다. 환자가 내 말을 이해했는지는 알 수 없었다. 그저 살려달라는 애원만 반복할 뿐이었다.

두려운 마음으로 환자의 배를 열었다. 배는 종양으로 가득 차 있었다. 종양은 너무 커서 장을 누르고 큰 혈관들과 맞닿아 있었다. 환자는 몇 년 전 한 차례 수술을 받았지만, 제대로 항암 치료를 하지 않았다.

재발한 종양은 거대해져 있었다. 다시 시작한 항암 치료는 이미 커질 대로 커진 종양을 줄이기에는 역부족이었다. 환자는 먹지 못했고, 종양 내부는 피로 가득 차올랐다.

나는 천천히 종양을 이리저리 움직이며 살길을 찾아봤다. 유착이 있는 곳은 조금 열고, 장과 붙어 있는 곳은 조금 떼어내며, 종양을 이리저리 돌려 같은 작업을 반복했다. 소장과 대장의 일부는 같이 떼어낼 수밖에 없었다. 다시 종양을 위아래로 옮겨 봤다. 시간은 흘러가지만, 종양은 바위처럼 끄떡도 하지 않았다. '여기는 떼어낼 수가 없고, 아무래도 종양을 들어내지 못할 거 같은데⋯. 여기까지만 절제할까?'

시간은 지난하게 흐르고 점점 몸에서 힘이 빠지고 있었다. 그때였다. 툭! 한순간 종양을 힘겹게 둘러싸고 있던 얇은 막이 터지며 고여 있던 핏덩어리가 쏟아져 나왔다. 항암 치료로 인해 얇아진 막이었다. 애써 마음을 다잡으며, 내가 해야 할 일들을 계속했다. 일면식 없는 마취과 선생님은 부산하게 움직일 뿐, 햇병아리 외과 의사에게 아무 말을 하지 않았다.

서둘러야 했다. 대동맥 주변에는 미세한 혈관들이 많다. 그 출혈들을 하나하나 정확히 잡기는 어렵다. 피가 올라오는 부위를 거즈로 누르고 클립으로 집고 전기소작기로 지졌다. 내가 보고 배웠던 모든 방법을 동원했다.

정신없이 출혈을 잡으며 마치 모래를 헤집듯이 이리저리 종양을 둘러쳤다. 그리고 마침내 종양이 툭, 하고 떨어졌다. 떼어낼 수 없을 것만 같았던 종양을 두 손으로 겨우 받쳐 들어올리자 온몸에 저릿한 전율이 흘렀다.

꼬박 열두 시간을 쉬지 않고 수술에 매달렸다. 종양과 함께 떨어져 나간 소장과 대장을 다 이을 방법이 없어, 겨우 소장 몇 군데를 잇고, 대장을 복벽으로 빼는 장루(인공항문)를 만들었다. 나는 수술방을 나와 보호자에게 지난한 수술 과정을 설명했다. 그리고 이후의 일은 기억이 잘 나지 않는다.

"고맙습니다."
그 한마디에 오래된 후회와 아픔이
봄눈처럼 녹아내렸다

환자는 예상보다 빨리 회복했다. 혈액 수치들이 천천히 정상으로 돌아왔고, 엑스레이 사진으로 보이는 수많은 배 속의 클립 자국에도 불구하고 밥을 잘 삼켰다. 만들었던 장루를 배 안으로 다시 넣을 수 없을 것이라고 말했을 때 그는 상관없다고, 살려줘서 고맙다고만 했다. 환자는 열흘 남짓 지나 퇴원했다.

몇 달이 지나고 전쟁 같던 기억이 희미해질 때쯤, 환자가 다시 찾아왔다. 장루를 넣어주면 안 되냐고 간절히 말했다. 나는 수술 후 생겼을 유착과 남은 장의 구조적인 변이가 예상돼 어렵다고 답했지만, 환자는 좀처럼 진료실을 떠나지 않았다. 환자의 간절한 눈빛에 내 마음은 약해졌고, 대장항문외과의 다른 교수님이라면 혹시 장루를 넣을 수 있지 않을까 생각하며 조언을 구했다.

수술 날짜가 잡혔다. 아마도 그 교수님은 평소 장루복원술보다 조금 더 난도가 높겠거니 생각하며 배를 열었을 것이다.

"서 선생! 상황이 생각보다 심각해. 들어와서 같이 봐 줘야 할 것 같아."

수술방은 침울했다. 장들은 구별되지 않았고, 개복하면서 벌써 여러 군데의 장이 열려 있었다. 장루는 손도 댈 수 없었다. 다시 한번 후회가 밀려왔다. 그때 환자를 말렸어야 했다. 힘겹게 들어 올렸던 종양의 무게가 고스란히 다시 내게 느껴졌다.

이후 환자는 합병증으로 병동에 오래 머물렀다. 그의 배에 연결된 여러 주머니는 미처 아물지 못한 장에서 새어 나오는 담즙으로 인해 초록색이었다. 그런 채로 몇 달이 흘렀고, 대장항문외과 교수님의 치료 덕에 환자는 겨우 퇴원을 할 수 있었다. 그날 이후 더 이상 그는 나를 찾아오지 않았다.

그 환자를 겪은 뒤 한동안 나는 종양을 들어올리던 첫 번째 수술의 전율과, 장 유착으로 손댈 수조차 없던 두 번째 수술의 후회를 잊을 수가 없었다. 특히 후회의 무게가 더 크고 무겁게 나를 압박해왔다.

그즈음 나는 여러 가지 일로 지쳐가고 있었다. 10년 넘게 병원에서 살면서 늘상 지고 살던 의사로서의 고단함 위에 커다란 종양

무게만큼의 후회가 더해진 것 같았다. 오늘까지만, 이 환자까지만, 하는 생각으로 하루하루를 버텼다.

그렇게 하루하루를 견뎌내던 어느 날이었다.

"교수님, 고맙습니다."

수술 후 무사히 퇴원하는 어느 환자의 말 한마디가 그날따라 특별하게 들렸다. 마치 생전 처음 듣는 말처럼, 그 말이 나를 강하게 붙잡았다. 스스로 극복하지 못했던, 후회로 가득 찬 마음속 커다란 응어리가 물렁물렁하게 녹아내리는 것이 선명하게 느껴졌다. 글썽이는 눈물을 꾹꾹 참으며 나는 그에게 작별 인사를 전했다.

"아닙니다, 무사히 퇴원해줘서 제가 더 고맙습니다."

"완전 벌레 취급하네."
코로나 격리병동 입원 첫날,
그는 화부터 냈다

부경아 간호사 · 제주의료원 간호과 간호사

"10분 후 환자 도착입니다. 병실 확인하고 준비해주세요."

무전기 너머로 소리가 들렸다. 난 방호복 위에 덧가운과 장갑을 착용한 후 환자를 맞기 위해 출입문에 섰다. 짧은 시간이지만 여러 생각이 교차한다. 이번에는 어떤 경로로 감염돼 이곳에 오는 걸까, 환자의 심리상태는 어떨까, 의료진과 의사소통이 원활하게 이뤄져야 할 텐데….

코로나 병동 근무 벌써 2년. 그럼에도 늘 긴장 상태다. 작은 실수 하나로 내가 감염될 수 있고, 나로 인해 또 다른 사람들을 감염시킬 수 있다는 두려움에서다.

중년의 남성 환자가 출입문을 통해 들어섰다. 그는 격리병동 안과 병실 여기저기를 둘러봤다. 어둡고 두려운 표정이었다. 나는 고글 너머로 웃음을 지으며 "안녕하세요."라고 밝게 인사를 건넸지만, 환자는 반응이 없었다. 병실을 안내해주고, 병원 생활 안내를 시작했다.

"이곳은 일반 병실이 아니라 음압기가 작동되는 병실입니다. 창문이나 병실 문을 함부로 열면 안 됩니다. 병실 안에서만 확진일 기준으로 10일 지내셔야 하는데, 답답해도 잘 이겨내서 퇴원하실 수 있게 저희 의료진도 열심히 돌보아 드리겠습니다. 힘들거나 어려운 점이 있으면 언제든지 말씀해주세요. 편히 쉬세요."

하지만 환자는 내 안내를 귓등으로 흘려 넘겼다. 그러고는 정색하며 짜증 섞인 억양으로 불평을 쏟아냈다.

"세상에, 어떻게 이 좁은 공간에서 여러 사람이 같이 지내나. 감옥이 따로 없네. 이 좁아터진 곳에서 열흘이나 갇혀 있어야 한다고? 이건 뭐, 벌레나 다름없네."

좋든 싫든 이제 환자와 간호사는 하나가 되어 코로나-19 치료를 위해 함께 전진해야 한다. 코로나 환자 대부분은 근육통과 고열로 인한 증상과 호흡기 증상을 보인다. 치료에 들어갈 때마다 자세한 설명이 이루어졌지만, 환자는 심리적인 불안과 공포가 커 보였다. 그는 이 현실을 받아들이기 힘들다는 듯, 주변 상황과 상관없이 불안감이 섞인 표현으로 말했다.

"내가 왜 하필 코로나에 걸린 거지? 정부 방침대로 코로나 백신까지 맞았는데, 도대체 왜? 코로나 검사결과가 맞는 거야? 잘못된 거 아니야?"

사실 이런 심리적 불안감은 당연하다. 얼마나 당혹스럽고 불안할까. 병실 생활의 답답함 속에서 누군가에게라도 투정부리고 호소하고 싶은 마음이 생기는 게 어쩌면 더 자연스러운지도 모른다. 그래서 난 앞으로의 치료 계획에 대해 수시로 설명하면서 잦은 소통의 시간을 갖고, 정서적 지지를 위해 많이 노력했다.

코로나 격리병동의 고립 속에서 환자와 간호사는 서로의 친구가 되었다

그 노력과 정성 덕일까. 입원 후 5일이 지나자 환자도 차츰 마음을 열기 시작했다. 어투도 점점 부드러워졌다.

"힘내세요. 간호사님들도요."

"가족처럼 돌봐주셔서 감사합니다."

"후각, 미각이 없어져서 통 입맛이 없는데 그래도 조금이라도 밥 챙겨 먹으라고 끼니때마다 간호사 선생님이 말해주시니 너무 감사합니다."

그리고 마침내 그는 사과까지 했다.

"처음에 내가 너무 미안했어요. 확진 소식 듣고, 난생처음 집 앞에 앰뷸런스 오고, 주변의 따가운 시선이 느껴지고, 가족과 지인들 생각뿐이었지요. 고생하시는 의료진의 모습이 그때는 전혀 눈에 들어오질 않더라고요. 이제 와 생각해보니 처음에 말 험하게 하고 나만 힘들다고 했던 순간순간이 너무 부끄럽습니다. 진심으로 미안합니다."

그렇게 간호사와 환자는 친구가 되어 갔다. 병실 생활에 익숙해지자 환자들은 책을 읽거나 간단한 스트레칭 운동도 하며 자신만의 시간을 보냈다.

나는 답답한 병원 생활에 조금이나마 활력을 주기 위해 환자에게 한라산과 오름 사진을 보여줬다. 그런데 공교롭게도 환자는 산과 오름 해설사였다. 그는 오히려 산과 오름에 대해 나에게 자세히 설명해줬고, 본인 휴대폰에 저장된 멋진 산 풍경 사진들을 보여줬다. 이 순간만큼은 병원이 아니라 동호회 모임 같았다.

시간이 흘러 퇴원 전날이 됐다. 환자는 일상으로 돌아간다는 설렘에 통 잠을 못 이루는 듯했다. 아침이 되자 모든 것을 털어내듯, 샤워하고 짐을 챙겨 나갈 준비를 서둘렀다. 마침내 퇴원 시간이 됐다. 그는 배웅하는 우리에게 수없이 '감사하다, 고맙다, 미안하다'를 반복하며 90도로 인사했다.

나도 진심으로 그의 퇴원을 축하하며 인사를 전했다.

"그동안 정말 고생하셨습니다. 안녕히 가세요. 건강하고 행복하게 지내시길 빕니다."

그렇게 또 한 명의 확진 환자가 코로나 병동에서 건강하게 나갔다. 하루빨리 코로나가 종식되기를 간절히 바란다. 그때까지 처지지 말고 같이 힘을 내면서 서로에게 행복을 나눠줄 수 있는 소중한 시간이 되도록 나는 최선을 다할 것이다.

내가 건강한 마음을 가져야 환자의 마음을 더 잘 헤아릴 수 있다. 간호사도 똑같이 두려움과 공포를 느끼지만, 그래도 의료진으로서 환자에게 그런 감정을 보일 수는 없다. 힘들어도 국가 감염병 재난극복에 동참할 수 있다는 것에 큰 자부심을 느낀다. 이렇게 한 발 한 발 나아가다 보면 우리 모두 행복한 일상생활로 돌아갈 날이 곧 올 것이다.

이 일을 할 수 있는 것에 감사하며, 나는 오늘도 격리병동에 들어간다.

감당 안 되는 약값,
질환 진단 잘 하는 의사만으론
역부족입니다

이지훈 소아청소년과 전문의 · 삼성서울병원 소아청소년과 교수

어느 11월의 늦은 오후.

걱정스러운 표정의 한 어머니가 아이를 안고 진료실에 들어왔습니다. 진료실 침대에 아기를 내려놓는 어머니의 표정이 더 어두워졌습니다. 침대에 누워있는 아이는 두려운 듯 경계하는 표정이었고, 곧 울음이라도 터뜨릴 것 같았습니다.

어머니와 아이의 얼굴을 번갈아 보면서 저도 마음이 복잡해졌습니다. 이제 생후 10개월이 된 아이는 목을 가누지도 혼자 앉지도 못한 채 누워만 있었습니다.

아이는 얼른 제게서 도망쳐 어머니에게 안기고 싶어하는 표정이 역력했지만, 실상은 누워있기만 할 뿐 팔다리조차 힘차게 움직

이지 못했습니다. 진찰할 때부터 짐작 가는 질환이 있었지만 어떻게 말을 꺼내야 할지 고민이 되었습니다. 일단 검사부터 진행하기로 했습니다.

2주쯤 지나 부모와 아이가 결과를 들으러 왔습니다. 저에겐 너무나도 어려운 시간이 다가온 것입니다. 아무리 의사라지만 "아이가 걷지 못할 거예요. 호흡이 나빠서 인공호흡기에 의지해 지내야만 할 겁니다."라고 말하는 건 너무 어렵습니다.

척수성 근위축증. 저는 부모에게 이 질환이 무엇이고, 앞으로 경과가 어떨지 설명했습니다. 새로운 치료법들에 대한 임상시험이 진행되고 있으니 조금만 기다려보자고 위로도 했습니다. 그 가족이 진료실을 나간 뒤, 그 시간 이후에는 무엇을 했는지도 모르게 하루가 지나갔습니다.

또 다른 아이가 있습니다. 세상에 나온 지 한 달도 안 된 신생아였습니다. 첫 아이를 품에 안은 앳된 부모가 걱정 반 두려움 반인 얼굴로 진료실을 찾아왔습니다. 같은 질환이 의심되어 유전자 검사를 하고 돌아간 지 며칠 지나지 않아, 아이가 열이 나서 힘들어한다며 응급실로 온 것입니다.

척수성 근위축증은 호흡 근육을 비롯해 우리 몸의 모든 근육을 움직이는 신호가 나오는 척수의 운동신경원이 점점 파괴되는 질환입니다. 일반인과 달리 약한 폐렴에만 걸려도 호흡이 매우 곤란한 상황이 됩니다.

아이는 흔한 호흡기 바이러스에 걸렸으나 이내 폐렴으로 악화해 소아중환자실에 입원을 했습니다.

또 다른 환자는 아이가 아니라 갓 스물이 넘은 어른입니다. 어려서부터 발달이 느려 진작에 척수성 근위축증 진단을 받았으며, 병이 더 진행해 이제는 휠체어에 의지해 생활하고 있었습니다.

세 환자를 돌보며 공통적으로 가장 기억에 남는 것은 저를 간절히 바라보던 부모들의 눈빛입니다. 질환을 잘 진단하는 의사 말고, 우리 아이를 잘 치료하는 의사가 되어달라는 무언의 외침을 듣게 됩니다.

부모들은 눈빛으로 호소한다
잘 진단하는 의사 말고
잘 치료하는 의사가 되어달라고…,

이후 우여곡절 끝에 새로운 약제를 우리나라에서 사용할 수 있게 되었습니다. 이 드문 유전질환을 치료하는 약제를 사용한 지 이제 거의 3년이 되었습니다.

첫 아이는 이제 네 돌을 맞는데 혼자 앉아 잘 놀고, 잡고 일어서서 옆으로 걸을 수 있습니다. 말을 너무 잘하고 노래도 잘한다고 하는데, 저는 한 번도 본 적이 없습니다. 아주 새침떼기이기 때문입니다. 제가 회진을 가면 곧잘 새침한 표정을 짓는데 너무 예쁩니다. 늦가을 오후 진료실에서 큰 걱정을 하던 어머니의 얼굴에 생긴 미소가 너무 반갑습니다.

두 번째 아이는 제법 개구쟁이가 되어 여러 가지 재주를 보여줍니다. 몇 달 간격으로 회진을 가서 만나면 무척이나 반가워하고 새로운 장난감도 보여주면서 자랑을 합니다. 처음 진단을 받고 중환자실에서 인공호흡기에 의지해 지내던 힘든 시간에도 호흡이 편해지면 보이던 장난스러운 눈빛이 이제 이해가 갑니다. '아하, 참 활발하고 장난기가 많은 아이구나.' 하고요.

세 번째 어른 환자는(소아청소년과에서는 '어르신'이라고 애칭합니다) 여전히 걷지를 못합니다. 아니, 이제 겨우 목을 조금 가눌 수 있습니다. 그래도 치료제를 사용하면서 얻게 된 큰 변화는 무엇인가를 쥘 수 있다는 것입니다. 전에는 손가락을 까딱 하는 정도의 움직임이었는데, 지금은 물건을 쥘 수도 있어서 마우스를 클릭하고 손가락을 써야만 하는 많은 일을 합니다. 목에 힘을 주고 주변을 두리번거릴 수도 있습니다.

모르는 사람이 보면 고작 그 정도를 가지고 큰 변화라 말해도 되느냐 물으실 수도 있습니다. 하지만 가족들이나 가까운 사람들에게는 괄목할 만한 호전입니다. 참고로 이 환자는 전동휠체어 운전을 아주 잘 합니다. 좁은 진료실을 후진으로 나가서 좌회전을 한 뒤 복잡한 복도를 빠져나가는 묘기를 보여주기도 합니다. 정말 베스트 드라이버입니다.

소아청소년 희소유전질환의 경우, 진단은 하지만 치료제가 없는 상황이 아직도 대부분입니다. 드물지만 최근 세상에 나온 치료제들은 가히 상상할 수 없는 만큼 가격이 비싸서 사용하는 것이 너무 제한적입니다.

환자를 치료하다 이런 한계로 답답함을 느낄 때면, 저는 그런 생각을 합니다. 이 어려운 질환 치료를 위해 우리 사회에서 특별법을 만들어 줄 수는 없을까. 어느 고마운 분들이 계셔서 이 환자들을 위해 큰 기부금을 내어주면 어떨까. 누군가 싼값에 약을 만들면 얼마나 좋을까….

그리고 한 가지 더 있습니다. 병이 진행한 뒤에는 이 비싼 치료제를 써도 그만한 효용을 얻지 못하니 증상이 생기기 전에 진단을 할 수 있도록, 신생아 선별검사에 치료제가 있는 유전질환이 포함되기를 제안합니다.

우리 아이들의 작은 미소가 우리 모두를 힘나게 합니다.

"막내 결혼만은 꼭 보고…,"
6개월 시한부 엄마는
그 꿈으로 6년을 버텨냈다

홍영한 외과 전문의 · 전 메디움강남요양병원 원장

2015년, 경기 일산의 암 재활 요양병원으로 60대 여성 폐암 환자가 나를 찾아왔다. 그는 보험 관련 일을 하고 있다고 했다. 암이 발견된 건 2012년이었다. 폐에서 4㎝ 정도의 종양이 나왔는데, 이미 뼈와 뇌에 전이가 된 상태였다. 병원에서는 짧으면 3개월, 길어도 6개월밖에 살 수 없다고 했지만, 나를 찾아왔을 때 이미 3년을 버티고 있는 상태였다.

가족력도 없고 흡연자도 아니었다. 특별한 증상도 없었다. 단지 다리에 힘이 없어 가끔씩 주저앉곤 했을 뿐이다. 그래서 자신이 암에 걸렸다는 사실을 받아들이기가 더 힘들었다고 했다. '혹시 오진이 아닐까.' '혹시 좀 더 희망적인 이야기를 들을 수는 없

을까.' 하며 이 병원 저 병원 전전하기도 했다. 그러나 돌아오는 대답은 모두 비관적이었다.

의사로서도 이런 환자를 보면 늘 가슴이 아리다. 담배를 피우지도 않았고 나이도 젊은 편인데 폐암이 왔으니 본인은 얼마나 망연자실할까. 나는 이 환자가 남은 시간 동안 조금이라도 덜 아프게, 그리고 좀 더 오래 자신의 꿈을 이루고 갈 수 있도록 도와야 한다고 생각했다.

시간이 얼마 없다고 통보받은 환자가 강한 멘탈을 유지하기란 쉽지 않다. 하지만 그는 정말로 씩씩하게 치료를 받아 나갔다. 암의 크기가 커지든 작아지든 일희일비하지 않고 묵묵하게 항암 치료를 받았다.

어느 날 회진을 돌다 그 환자와 대화를 나누게 되었다.

"안 힘드세요? 6개월을 훌쩍 넘겨 벌써 3년을 버티고 계시니 정말 대단하신 거예요."

그는 맑은 눈빛으로 "제가 꼭 봐야 할 게 있거든요. 그게 제 꿈이에요."라면서 말을 이어갔다. "우리 막내아들이 결혼하는 걸 꼭 보고 싶어요. 그리고 아파트도 한 채 사주고 나서 죽고 싶어요. 그때까진 이 악물고 어떻게든 버텨 보려고요."

그는 항암 치료 중에도 본업인 보험 일을 쉬지 않았다. 짧게 입원과 퇴원을 반복했던 이유도 그제야 알게 되었다.

"그러지 않아도 큰아들하고 둘째 아들에 비해 막내한테는 해준

게 별로 없어서 늘 미안했는데, 이렇게 암까지 덜컥 걸려서 제가 우리 막내 마음만 아프게 하네요. 그게 너무 속상해요."

늘 미안했던 막내가 화목한 가정을 꾸리고 내 집까지 마련하는 모습을 꼭 봐야 한다는 간절함. 그 꿈이야말로 3~6개월 시한부 통보를 받고도 3년 넘게 버티며 일과 항암 치료를 병행할 수 있게 한 힘이었다. 항암 치료를 받으면서도 힘차게 꿈을 향해 나아가는 그를 보면서 나는 생각했다. 사실 우리 모두는 언젠가는 끝나게 될 시한부의 삶을 살아가는 존재들이다. 그런 존재로서, 당장 내일 이 세상에서 사라질지라도 절실한 꿈을 지닌 사람과 별다른 목표도 없이 견디는 삶은 시간의 질 자체가 다르지 않을까? 암에 걸린 사람이든 건강한 사람이든, 당장 내일의 일을 알 수 없는 건 똑같으니 지금 이 순간 꿈을 꾸며 사는 게 가장 지혜로운 태도는 아닐까?

우리는 모두 시한부 삶을 사는 존재들,
끝까지 꿈을 놓지 않는 태도야말로
최고의 명약은 아닐까?

기적은 계속되었다. 1년이 지나고 2년이 지나도, 그는 삶을 이어갔다. 막내가 결혼식에서 사랑하는 아내와 행복하게 웃는 모습을 그려보면서, 그는 암과 싸워나갔다. 항암 치료를 계속 받는 동안 때로 호전되고 때론 주춤하기도 했지만, 길어도 6개월밖에 살지 못할 거라던 그는 결국 그렇게 6년을 살았다.

마침내 그는 그토록 소원하던 막내아들의 결혼을 두 눈으로 볼 수 있었다. 아파트도 사줬다. 그 모든 꿈을 이루고 4개월 지나자 그는 평온하게 눈을 감았다. 그는 살아있는 동안 병원에서 다른 사람들에게 늘 희망과 긍정의 에너지를 전파했다. 누구든 꿈을 가지고 있다면 남은 생을 연장할 수 있다고 이야기했다.

성공한 많은 사람들은 '꿈이 있어야 한다'고 이야기한다. 꿈이 다 이뤄지는 것은 아니다. 하지만 나는 그 환자를 통해 간절히 꿈꾸는 것만으로도 죽음의 공포를 넘어 생명을 연장하게 하는 힘이 된다는 사실을 깨달았다. 암을 몸에 지니고 살면서 고통스럽지 않은 사람은 없다. 또 죽음 앞에서 그 누구도 초연할 수는 없다. 하지만 꿈을 가진 사람은, 암과 상관없이 그 꿈을 위해 오늘을 살아간다. 언젠가는 그 꿈이 이루어지길 바라며 매일 매순간 최선을 다해 열정적으로 살아간다.

"6개월입니다."라는 선고를 받았다고 해서 꿈을 내려놓지는 말자. 그 꿈이 때로는 그 어떤 치료약보다 더 효과적일 수 있으니 말이다. 그 환자의 영면을 다시 한번 기원한다.

'죽음조차 불평등한 세상'
나는 의사 가운을 벗고
경제학자가 되었다

김현철 경제학자 · 의사 · 홍콩과기대 경제학과 및 공공정책학과 교수

의과대학 졸업반이던 20년 전 일이다. 나는 강남세브란스병원 유방암센터 실습생이었다.

강남세브란스병원의 환자 구성은 두 부류다. 강남에서 오신 부유한 분들과 멀리 지방에서 찾아오시는 대개는 가난한 분들. 많은 강남 환자들은 유방암을 조기에 발견했다. 하지만 지방 출신 환자들은 암이 많이 진행된 후에야 비로소 병원에 오는 경우가 허다했다. 내 마음속 깊은 곳에서 '이건 부당하지 않나!' 하는 외침이 들렸다.

한 달 실습의 마지막 날이 되었다. 얼굴에 주름 가득한 여성이 진료실로 들어왔다. 얼핏 봐선 노인 같았는데, 차트를 확인해보니

실제 나이는 40대 중반이었다. 얼마나 어려운 삶을 살았을까 짐작할 수 있었다.

진찰해보니 유방은 이미 괴사가 시작되었고, 겨드랑이 림프절은 암세포로 가득 차 있었다. 경험이 일천한 내가 보기에도 말기 암이라는 사실을 쉽게 알아챌 수 있었다.

'아, 이걸 어쩌나.'

혼자서 절망적인 생각에 빠져 있는데 있는데, 환자가 실오라기 같이 가느다란 목소리로 "선생님예… 이거 암 아니지예….'라고 물었다.

나는 그에게 소리치고 싶었다. 뭐하다가 이제야 병원에 왔냐고. 이 동네 중년여성들은 암 검진을 통해 손톱보다 작은 암도 발견한다고. 나는 이런 현실이 원망스러워 자리를 피해 울어버렸다.

그날의 눈물은 그 환자에 대한 안타까움 때문만은 아니었다. 가난하고 교육받지 못한 사회의 약자들이 더 아프고, 더 일찍 죽는다는 것을 피부로 느낀 슬픔이었다. 내가 진료실에서 경험한 것처럼 정말 우리나라의 가난한 하위 20%는 부유한 상위 20%에 비해 유방암으로 2배 넘게 죽는다.

이러한 건강 불평등이 사회·경제학적 문제라는 사실을 깨닫고서 나는 의과대학 졸업 후, 전문의 과정 대신 경제학 공부를 시작했다. 낮에는 경제학과 대학원에서 공부하고, 밤에는 응급실 당직으로 학비를 버는 생활을 한동안 지속했다. 이후 미국으로 유학을 떠나 컬럼비아대학교에서 경제학 박사학위를 받았고, 코넬대학을 거쳐 지금은 홍콩과학기술대학교에서 경제학 및 정책학을 가르치고 있다.

경제학 공부를 처음 시작했을 때는 주로 국내 문제에만 관심을 가졌다. 그런데 유학을 가서 저개발국가를 위해 일하는 친구들과 교수들을 만나면서, 대한민국의 사회적 약자와는 도저히 비교할 수 없을 만큼 더 약한 사람들이 있음을 알게 되었다. 바로 저개발국가의 엄마와 아이들이다.

> 에티오피아의 세월호는 매일 두 척이 침몰한다
> 다섯 살도 되지 않은 아이들을 싣고
> 매일 두 척이…,

경제학 박사과정 시절, 나는 선배 의사들과 아프리카에 병원을 세우고 운영하는 일에 동참했다. 그곳에서 다양한 보건 및 교육 사업을 하면서, 이들을 위한 학문인 개발경제학을 전공했다. 내 연구의 절반은 한국의 사회적 약자들, 또 다른 절반은 저개발국가의 사회적 약자들이다. 지난 15년 중 5년은 미국에서, 다음 5년은 한국에서, 마지막 5년은 말라위, 에티오피아, 필리핀 등의 저개발국가에서 보냈다.

아프리카에는 세계 3대 전염성 질환인 결핵, 에이즈, 말라리아가 창궐한다. 특히 말라리아는 많은 어린아이들의 삶을 빼앗아간다. 저개발국가의 부모들은 질병에 대한 지식이 없고 병원 갈 돈이 없어서, 자식이 말라리아에 걸려 죽을 지경이 되어서야 치료를 받으러 온다. 이곳에서도 소수의 부유층은 조기에 진단하고, 그래서 훨씬 쉽게 치료받는다. 20년 전 내가 강남세브란스병원에서 느꼈던 환자들의 현실과 매우 흡사하다.

말라위의 대양누가병원에서 있었던 일이다. 한 엄마가 말라리아로 혼수상태에 빠진 아이를 업고 왔다. 하지만 미처 손쓸 겨를도 없이 아이를 잃고 말았다. 엄마는 통곡했다. 그 아픔의 비명소리가 너무도 청명한 말라위의 아름다운 가을 밤하늘에 한참을 울려 퍼졌다. 극한의 슬픔과 눈부신 아름다움이 공존하는 것이 초현실적이라 느끼며, 나는 무기력하게 지친 몸을 침대에 뉘었다.

내 마음속에서는 종종 세월호 참사로 희생된 우리 아이들과 아프리카의 아이들이 겹쳐진다. 세월호의 침몰로 학생 250명을 포함한 300여 명이 사망했고, 우리는 그 어린 생명들이 죽어가는 것을 속절없이 지켜볼 수밖에 없었다. 이와 마찬가지로 아프리카의 아이들도 속절없이 죽어가고 있다.

우리나라에서는 5세 미만 아동 1,000명 중 한 해 평균 약 4명이 죽는 반면, 아프리카에서는 50~150명이 사망한다. 세월호 사건이 있었던 2014년 에티오피아의 5세 미만 아동 사망은 1,000명 중 72명이다. 인구 1억 1,500만 명인 에티오피아의 경우 5세 미만 아동이 인구의 약 15%인 1,725만 명이고, 이 중 124만 2,000명이 죽는다. 이 아이들이 만일 한국에서 태어났다면 6만 9,000명만 사망했을 것이다. 결국 5년 동안 117만 3,000명의 어린아이들이 선진국이 아닌 에티오피아에 태어났다는 이유로 더 죽어간 것이다. 하루에 자그마치 643명이다. 에티오피아의 세월호는 다섯 살도 되지 않은 아이들을 데리고 매일 두 척씩 침몰하고 있는 셈이다. 매일 두 척이.

나는 정책을 연구하고 평가하는 경제학자이다. 학자는 질병 및 가난과의 전쟁에서 후방 작전 본부에 머물며 일하는 역할을 맡는다. 그러나 최전선의 위험함과 치열함을 모르는 지휘관은 병사의 목숨을 소중히 여기지 않는 어리석음을 범하기 쉽다. 후방에서 정책을 연구하는 학자 또한 숫자에 빠져 진짜 현장의 아픔을 알지 못하는 경우가 많다.

그래서 난 늘 기억하며 살고자 한다. 아프리카 말라위에서 죽은 자식을 보내며 울부짖던 엄마들의 통곡 소리, 그리고 20년 전 그날 나를 울게 했던 촌부의 아픔을.

같은 사람을 두 번이나
심폐소생으로 살려내다

최성철 소방위 · 대구강서소방서 119구급대 주임

2015년 6월 20일.

나는 119안전센터 구급대원으로 근무하고 있었다. 아들과 말다툼하다가 어머니가 쓰러졌다는 신고를 받고 구급차 1대, 구급대원 2명과 출동했다. '심정지'라는 신고는 없었지만, 모든 상황을 염두에 둬야 하므로 심장충격기와 응급처치 장비 등을 갖고 현장에 도착했다.

환자 상태를 확인하던 후배 구급대원이 다급하게 말했다.

"선배님! 의식 호흡 맥박 없습니다, 심정지 추정입니다."

우리는 즉시 심폐소생에 들어갔다. 심장충격기를 부착하고 정맥을 확보한 뒤 나와 후배는 교대로 심폐소생술을 시행했다. 오랜

시간 구급대원으로 일하다 보면, 이런 상황에서 몸이 자동적으로 반응한다. 쉬지 않고 심폐소생술을 실시하는 동안 온몸이 땀투성이가 되고 양팔에 힘이 빠지기 시작했다.

얼마나 시간이 흘렀을까? 심장충격기에서 '전기 충격이 필요합니다'라는 메시지가 울렸다. 즉시 전기충격 1회를 실시했다. 일말의 희망을 갖고 계속 소생술을 시행하던 중 '전기충격이 필요합니다'라는 메시지가 다시 떴다. 또 한 차례의 전기충격. 심폐소생술은 계속 병행됐다.

다행히 얼마 후 환자 호흡과 맥박이 확인됐다. 나와 후배는 즉시 들것을 이용해 3층 집에서 1층까지 가파른 계단을 타고 내려와 환자를 구급차에 태웠다. 운전석에 앉자 '휴~, 살렸다' 하는 안도감이 잠시 들었지만 그도 잠시, 병원까지 가는 게 문제였다. 전문 소생술이 가능한 시내 대학병원까지는 환자 집으로부터 30㎞ 이상 떨어진 거리였다. 다시 뛰기 시작한 심장이 과연 그때까지 버텨줄 수 있을까.

이송 중 2차 심정지가 발생할 가능성은 얼마든지 있었다. 이 때문에 한시도 환자에게서 눈을 뗄 수 없었다. 다행히 병원에 무사히 도착한 우리는 응급실에 환자를 인계했다.

우리의 역할은 거기까지. 그제야 안도의 한숨을 내쉴 수 있었다. 소중한 생명을 살렸다는, 말할 수 없이 뿌듯한 감정을 안고 우리는 사무실로 돌아왔다.

2017년 3월 7일.

흔히 구급대원들은 저마다 징크스를 지니고 산다. 내 경우 간식을 주문하면 꼭 출동이 걸린다. 그날도 간식을 주문한 지 얼마 안 돼 어김없이 구급 출동 지령이 떨어졌다.

지령서를 확인하니 우리 관외 지역 환자였다. 이미 구급차 2대와 소방차가 출동 중인 상황이었다. '주택 3층 내 여성, 의식 없고 쓰러져 있다'는 내용을 확인한 우리는 망설일 여유조차 없이 구급차에 올라탔다.

환자가 발생한 건물 인근에는 이미 구급차와 화재진압 소방차가 도착해 있었다. 우리는 심장충격기와 응급처치 장비를 들고 3층으로 뛰어 올라갔다. 출입구와 계단 화분들이 낯설지 않게 느껴졌지만, 자세히 생각할 겨를이 없었다.

환자가 있는 3층 집에서는 먼저 출동한 구급대원들이 환자 상태 평가와 생체징후를 파악하고 있었다. 이때까지 환자는 심정지 상태가 아니었다. 구급대 팀장인 나는 신고자 가족들로부터 환자의 병력을 청취하며 발생 원인을 찾기 시작했다.

그때 내 눈에 환자의 얼굴이 들어왔다. 뭔가 친숙한듯 낯익은 얼굴. 2년 전 우리가 출동해 살렸던 바로 그 환자였다. 처음부터 이 건물과 계단이 낯설지 않은 것도 바로 그런 이유였다.

바로 그 순간, 환자에게 심정지가 왔다. 나는 생각했다. '이 환자는 운명이다. 내가 무조건 살려야 한다.'

신속하게 심장충격기를 부착하고 심폐소생술을 실시했다. 소생술 시행 중 심장충격기에서 전기충격이 필요하다는 메시지가 울리기 시작했다. 즉시 전기충격 1회를 실시하면서 소생술을 지속했다.

시간이 얼마나 흘렀을까? 등줄기와 이마에서 굵은 땀줄기가 흘러내릴 즈음 환자 호흡과 맥박이 뛰기 시작했다. 곧바로 환자를 들것에 싣고 구급차로 이동했다. 모든 게 2년 전 상황과 똑같았다. 전문소생술이 가능한 병원까지 30㎞ 넘게 달려야 했다. 과연 이번에도 심장이 잘 견뎌줄까?

운명처럼 다시 살려낸 환자,
특별한 인연이지만
다시 만날 일은 없기를 간절히 빌었다

다행인 건 2년 전엔 구급차 1대와 대원 2명만 출동했지만, 이번엔 구급차 2대와 충분한 구급 인력이 확보되어 있었다는 점이다. 환자 이동과 병원 이송 중에도 세심한 모니터링과 응급처치가 가능하다는 의미다. 구급대원들의 철저한 보호 속에서 먼 거리를 이동한 환자는 무사히 응급실에 도착했고, 우리는 병원 측에 환자를 인계했다.

'이런 일이 또 있을 수 있을까. 정말 내가 저분을 또 살린 건가. 같은 사람을 두 번이나 살리다니!'

정말로 모든 게 운명처럼 느껴졌다. 모쪼록 건강히 지내시길, 특별한 인연이지만 그래도 세 번째 만남은 없기를 바라며, 나는 사무실로 귀환했다.

그 후 우리 구급대원들은 모두 '하트세이버Heart Saver'를 수상했다. '생명을 소생시킨 사람'이라는 뜻으로 심정지로 인해 죽음의 위험에 놓인 환자를 적극적 심폐소생술 및 신속한 응급처치를 통해 살려낸 사람에게 수여하는 상이다. 구급대원의 자부심이자 가장 소중한 명예인 하트세이버 배지를 달고 우리는 오늘도 또 다른 생명을 소생시키기 위해 땀을 흘린다.

내가 살린 환자, 나를 깨운 환자

첫판 1쇄 펴낸날 2022년 9월 15일

지은이 | 강병철 외 53명
편저자 | 한국일보
펴낸이 | 지평님
본문 조판 | 성인기획 (010)2569-9616
종이 공급 | 화인페이퍼 (02)338-2074
인쇄 | 중앙P&L (031)904-3600
제본 | 서정바인텍 (031)942-6006
후가공 | 이지앤비 (031)932-8755

펴낸곳 | 황소자리 출판사
출판등록 | 2003년 7월 4일 제2003-123호
TEL | (02)720-7542   FAX | (02)723-5467
E-mail | candide1968@hanmail.net

ⓒ 한국일보, 2022

ISBN 979-11-91290-16-5   03100